LA FE ES LA RESPUESTA

NORMAN VINCENT PEALE

LA FE ES LA RESPUESTA

Smiley Blanton

grijalbo

LA FE ES LA RESPUESTA

Título original en inglés: *Faith is the Answer*

Traducción: Amparo García,
de la edición de
Prentice-Hall, Inc.,
Nueva York

ISBN 970-05-1037-9

IMPRESO EN MÉXICO

Indice

Prefacio

Ya no debe sorprender a nadie que un pastor y un psiquiatra unan sus esfuerzos para escribir un libro como éste, pues en ambas esferas de actividad el objetivo es esencialmente el mismo: renovar la fe cuando se ha perdido; la fe en uno mismo, la fe en los demás y la fe en Dios.

Si por un lado es difícil que el pastor posea un adecuado adiestramiento psiquiátrico, por el otro no lo es menos que el psiquiatra haya tenido la oportunidad de estudiar directamente los problemas de la religión. Por consiguiente, al afrontar un problema el pastor aportará la solución que cree puede ofrecer la religión, y el psiquiatra hablará desde lo que él cree el punto de vista de la psiquiatría.

Pero esta obra no va dirigida primordialmente a la curación de casos patológicos, sino que trata del eterno problema de mantener bien a aquellos que están bien. Y en este sentido estamos seguros de que la religión y la psiquiatría pueden conseguir —y lo conseguirán— establecer una colaboración cada vez más estrecha, porque la función de cada una de estas ciencias consiste en ayudar a la gente normal a vivir una vida más normal, más feliz y más digna de vivirse.

Se ha evitado en todo lo posible la utilización de términos técnicos. Tampoco se ha considerado necesario llevar a cabo un análisis exhaustivo de los casos que se citan, los cuales deben evaluarse teniendo en cuenta esta premisa. Asimismo, se ha creído conveniente que cada autor se mantenga en su propio terreno, sin interferir en el del otro, pero aceptando su cooperación.

Para la presente edición, corregida y aumentada, los autores se reunieron a fin de evaluar experiencias y dictámenes nuevos, y decidieron escribir dos capítulos adicionales: "Cultivando la fe", y "Aprendiendo a orar con efectividad". Los casos personales citados en el libro cuentan con la debida autorización de sus protagonistas, cuya verdadera identidad se ha ocultado algunas veces para preservar el carácter confidencial de las relaciones tanto pastorales como médicas.

Fruto de las numerosísimas peticiones de ayuda que recibían los autores de gentes con necesidades espirituales y emocionales, en 1937 se creó una clínica religioso-psiquiátrica en la Iglesia Colegiata de Mármol (Marble Collegiate Church), de la ciudad de Nueva York. Este esfuerzo sin precedentes ha proporcionado ayuda y consejo a miles de personas hasta hoy, y se ha convertido en la Fundación Americana de Religión y Psiquiatría, entidad que tiene un personal de dieciocho especialistas y ocupa en su totalidad el quinto piso del edificio situado en las calles Tres oeste y Veintinueve, junto a la Iglesia Colegiata de Mármol.

Al reeditar este libro, los autores se sienten en deuda con muchas personas a las que agradecen tanto sus consejos para establecer el contenido del mismo, como sus críticas relativas a la preparación del manuscrito. Reciban todas ellas, desde aquí, nuestro reconocimiento por su generosa colaboración.

NORMAN VINCENT PEALE, DR.
SMILEY BLANTON, D.M.

CAPITULO 1

EL PODER DE LA FE

El poder de la fe
SMILEY BLANTON

En un mundo en el que la crisis parece siempre inminente, el hecho de que el amor y la fe pueden mantenernos en estado normal se ofrece como la solución más clara para hombres y mujeres próximos a la desesperación. Si advertimos falta de fe en nosotros mismos, en los demás e incluso en Dios, entonces ha llegado el momento de examinarnos. Porque la fe significa para nosotros fruición, goce, tanto en el sentido emocional como en el espiritual. Sin ella no somos nada.

Muchos hombres y mujeres normales se sienten absurdamente desgraciados en su vida personal. Hay algo que parece bloquearles a cada paso en su búsqueda de la felicidad. Y a la vez son conscientes con mucha frecuencia de una impresión de cólera y frustración crecientes.

Por fortuna nunca es demasiado tarde para examinarnos. Nunca es demasiado tarde para tratar de comprender las causas de nuestros sentimientos y nuestra conducta. Según dijo el filósofo Spinoza, es inútil llorar, es inútil gritar con indignación. ¡Lo imprescindible es comprender!

Hemos llegado al punto en que estamos a lo largo de muchos años y por muchos caminos, y no podemos volver atrás con facilidad. Pero si hurgamos en nuestra mente y en nuestro corazón para averiguar la verdad, veremos que la clave, no sólo de nuestra personalidad actual, sino también de las dificultades presentes, se halla en nuestra experiencia en el pasado. Esto es especialmente cierto en lo referente a las experiencias infantiles, a las primeras relaciones con nuestros padres. Y el análisis de esas relaciones infantiles ayuda a corregir la inadaptación y los fracasos de nuestra vida actual.

Si estamos dispuestos a aceptar el hecho de que nuestra actitud presente se basa en nuestras experiencias pasadas, entonces comprenderemos que a una persona que no mantuvo las relaciones adecuadas con sus padres en la infancia le resulte difícil tener fe absoluta en Dios, puesto que la adoración de Dios siempre ha sido una proyección de la relación entre padres e hijos.

Hubo un tiempo, quizás muy lejano ya, en que todos nosotros teníamos esa fe. ¿Qué se hizo de ella? ¿Por qué la perdimos? Pero, sobre todo, ¿cómo podemos recuperarla?

Una mujer, a la que llamaremos Sra. A., escribió al Dr. Peale una carta en la que presentaba un problema muy común con el que se enfrentan a menudo tanto el pastor como el psiquiatra: Decía así:

> Soy una mujer corriente, de capacidad normal, de valor normal también, pero ahora me siento totalmente desanimada acerca de mí misma.
>
> He escuchado sus charlas por la radio y he leído sus libros. También he leído aquí y allá mucho sobre psicología. Soy moderna y sé que ustedes lo son. Ojalá puedan responderme a algunas preguntas.
>
> Mi marido dice que necesito un psiquiatra; mis amigos dicen que necesito un pastor. Pero ¿qué puede hacer la religión por una persona que se halla en este estado de confusión y desánimo? Ni siquiera tengo pecados de los que valga la pena arrepentirse, a menos que uno de ellos sea la falta de fe. Sólo es que no me siento motivada por nada. Hago muchas cosas, pero ninguna de ellas me lleva a ninguna parte.
>
> ¿Tiene algo que decirme la religión? Y en caso contrario, ¿puede hacerlo la psiquiatría?

Le sugerimos que viniera a nuestra clínica, en la Iglesia Colegiata de Mármol de Nueva York, y hablara con el Dr. Peale y conmigo. Le pareció extraña nuestra sugerencia de que hablara tanto con el pastor como con el psiquiatra. Ella pensaba que consultar a uno suponía la alternativa de consultar al otro. Y todo porque conocía la función del pastor, pero no comprendía que la del psiquiatra es tanto preventiva como curativa, y que el psiquiatra trata los temores y ansiedades, las depresiones y preocupaciones que nos asaltan a todos, al igual que lo hace el pastor, pero con un enfoque distinto. Tampoco comprendía que la psiquiatría va encaminada sobre todo a la persona normal y corriente, cuya adaptación se ha desequilibrado por un momento.

¿Por qué se sentía esta mujer deprimida y confusa? Es ley fundamental de la conducta humana de los actos del ser humano siempre tiene una causa, y nuestra primera tarea consistió en ayudarla a comprender esto. Además, puesto que está aceptado que el hecho de conocer el funcionamiento del cuerpo facilita una vida más sana, debe insistirse en que no es menos útil saber sobre el funcionamiento de las emociones.

Con objeto de descubrir la causa de los problemas de la Sra. A., fue necesario que conociéramos ambos todo lo referente a su infancia y a su ambiente actual. Ella habló con sinceridad, pues estaba segura de nuestra comprensión, y esta es la historia que nos contó.

Era la menor de cuatro hijas y, desde muy pequeña, tuvo la impresión de que su familia se había sentido profundamente decepcionada a su nacimiento, pues deseaban un chico. Le pusieron por nombre Elizabeth, pero siempre le llamaban "Bill". Y, por ejemplo, aunque ella quería llevar los lindos vestidos que usaban sus hermanas, el padre insistía en que se pusiera pantalones. O a menudo se lamentaba en voz alta, y de modo que ella pudiera oirle, por no tener un hijo varón que continuara su apellido y su negocio.

La madre era ese tipo de persona débil que se preocupa en exceso por el marido y las hijas. Creía que él debía ser cuidado y complacido a toda costa. Y jamás apoyó a esta niña en sus esfuerzos constantes por ser como las otras. Por consiguiente, la actitud de Elizabeth hacia sus padres era ambivalente en grado sumo: dejó bien claro que, a la vez, los amaba y los odiaba. Para añadir leña al fuego, en realidad a ellos parecía gustarles la demostración de su cólera, y la consideraban algo "masculina". Se sentía, pues, rechazada por el padre y no demasiado querida por la madre.

No es que el psiquiatra crea que tal actitud por parte del paciente esté necesariamente justificada por los hechos del caso, pero justificada o no, la muchacha se sentía muy rechazada. Fuera cierto o no, ¡sí lo era para ella! Como los padres de esta joven vivían cerca de la clínica, fue posible celebrar una entrevista con ellos.

Se quedaron atónitos al comprender hasta dónde llegaba el resentimiento de su hija. Lo rechazaron de plano por algun tiempo e insistieron en que "Bill" era un apodo cariñoso. Estaban seguros de que, si preferían que ella llevara los pantalones, sólo había sido porque tenía una figurita tan esbelta que estaba muy graciosa y favorecida con ellos. En cambio, admitieron con sinceridad que habían deseado un chico y lamentado mucho que ella no lo fuera, e incluso que en ocasiones fueron lo bastante indiscretos como para mencionarlo en su presencia.

Ahora que ya todos eran adultos, se sentían muy felices y contentos con su hija, y también con su marido y sus hijos, aunque les sorprendía mucho que continuara albergando cólera hacia ellos.

En realidad sucedía que, al parecer basándose en ciertos hechos, la muchacha estaba convencida de haber fracasado totalmente en su empeño satisfacer a sus padres, y así se sentía profundamente rechazada por ellos. Las primeras ideas que tuvo sobre sus padres estaban distorsionadas e intensificadas hasta tal punto que todavía influían en su modo de pensar y de sentir. Y esto no es extraordinario. Hallamos con frecuencia adultos que sufren a lo largo de toda su vida la influencia de su inmadurez de juicio infantil. El concepto más o menos equivocado de sus padres, y no la realidad, es lo que ha hecho el daño.

La impresión de insatisfacción e inseguridad había influido en todas las relaciones de la Sra. A., y no sólo con sus padres. Jamás se sintió del todo adaptada con sus tres hermanas tan "femeninas", ni más tarde con su marido, ni siquiera con sus propios hijos. Era totalmente incapaz de creer que el amor que tanto deseaba de los otros, y que estaba tan dispuesta a dar, era ya suyo por derecho propio.

Como si esto no fuera bastante, estaba totalmente alejada de la religión. Era incapaz de lograr una relación satisfactoria con el Creador. La impresión de rechazo nacida hacía tanto tiempo en la relación padres-hija, le impedía ahora creer siquiera en el amor de Dios.

Para el desarrollo de esta mujer no habría sido tampoco adecuado el tener una madre satisfactoria, aunque el padre hubiera sido menos cariñoso, o a la inversa. En un mundo en el que la relación entre ambos tiene tanta importancia, es necesario crecer en un ambiente al que padre y madre contribuyen para aprender a ajustarse de modo satisfactorio a los dos.

Para comprender a hombres y mujeres uno ha de entender primero la estructura amoral y antisocial del niño pequeño. Este vive, por naturaleza, centrado en sí mismo. Unicamente le interesan sus propias sensaciones, necesidades y satisfacciones. Puede decirse que vive sólo para sí mismo.

A medida que va creciendo tiene lugar un cambio gradual en su actitud. Se amplía su visión y va compartiendo parte de ese amor. Empieza a querer, además de a sí mismo, a aquelllos que le rodean y que contribuyen sobre todo a su felicidad. Su amor incluye, primero a la madre, y después al padre.

En este primer periodo, la unión de un niño con sus padres es excesivamente fuerte. Incluso la separación más breve causa en ocasiones un gran sufrimiento al niño, y el rechazo de cualquier tipo desarrolla con frecuencia un grave temor. Sin embargo, las exigencias de la vida exigen separarse de él o rechazarle en ocasiones. Esto debe hacerse con mucho cuidado y prudencia, pues el niño ha de crecer en la sociedad y algún día habrá de adaptarse a las exigencias de nuestra civilización.

Examinemos la intimidad de la relación entre madre, padre e hijo. El niño nace del cuerpo de la madre, generalmente se alimenta de él, y en su impotencia recibe de ella cuidados íntimos y constantes. La relación padre-hijo no tiene un carácter tan íntimo, pero a pesar de todo es igualmente importante en el desarrollo de un buen equilibrio emocional.

Por tanto, no resulta extraño que quizás el cuadro más atractivo del mundo sea el de la Virgen y el Niño, que refleja la relación ideal madre-hijo. Tampoco es sorprendente que, desde el principio, el hombre concibiera a Dios como Padre, un Padre amoroso en la fe cristiana. No podría ser de otro modo, ya que la idea de Dios se deriva, hasta cierto punto, de la primera relación con los padres y de la actitud hacia ellos.

Lentamente, así como crece el niño, se desarrolla en su mente la imagen infaliblemente poderosa, infaliblemente sabia e infaliblemente benévola, de una nueva figura que cuida de él: la figura de Dios. De este modo, los fundamentos de la vida religiosa del niño dependen y se basan en su idea de los padres. Y el padre, objeto de esta superevaluación infantil, ha de tener mucho cuidado para no distorsionar el concepto del niño acerca de la benevolencia, la justicia, la fidelidad y la ternura. La fe que está basada en el amor no encierra en sí temor alguno; es espontánea y gratificadora.

Pero esta evolución natural de la adoración de sus padres por parte del niño hasta llegar al amor de Dios, se ve estorbada con frecuencia por ciertas inhibiciones que vienen a dañar el amor a los padres y, por consiguiente también el amor al Creador. En otro tipo de relación padre-amor existe a veces un amor tan agobiante hacia los padres que el niño, al madurar, siente miedo de ser dominado así por otra persona, sea humana o divina.

Una semana antes de que naciera John B. su hermana, hija única, murió en un accidente casero. Su madre acumuló en él todo su amor por la niña muerta, aparte del que normalmente le correspondía. Aunque no había sido en absoluto responsable del accidente, ella tenía cierta impresión de culpabilidad diciéndose que, de haber sido más previsora, aquello no habría ocurrido. En consecuencia, trató de rodear a John de todo tipo de seguridad para impedir cualquier eventualidad.

Ni siquiera se le permitía entrar en la cocina, donde tuviera lugar el accidente de su hermana, y apenas pudo alejarse de la casa hasta que hubo cumplido doce años, sin que le acompañaran su madre o una de las criadas. Los juegos bruscos y brutales estaban prohibidos, lo mismo el intercambio normal entre él y los demás muchachos.

Aunque profundamente unido a su madre, John se resentía de su dominio, y en cierto modo temía aquel afecto excesivo. Sentía, y con razón, que el amor con que se le abrumaba no era suyo por derecho propio. Era lo bastante listo como para tener celos desde muy pronto de la hermana muerta. Y desarrolló todo un sistema de suspicacias hacia las reglas de conducta dictadas por su madre.

Al hacerse mayor empezó a sospechar asimismo del mundo exterior. Le resultaba muy difícil hacer amigos, y prácticamente imposible conservarlos. En la escuela, y después en sus primeros empleos, se mostraba resentido, en absoluto cooperativo. Le molestaba recibir órdenes, incluso de aquellos cuya tarea consistía en dárselas, y frecuentemente discutía con sus superiores, hasta el punto de perder un empleo tras otro.

Como era inevitable, dió también la espalda a la religión, pues rodeó los conceptos éticos del cristianismo con tantos "síes" y "peros" que todos resultaban prácticamente negativos, porque la idea de ser dominado incluso por Dios le resultaba intolerable.

Por supuesto, este caso es extremo. Pero demuestra con la mayor claridad el proceso que debe seguir un niño para tener una aceptación sana de la responsabilidad social, y el modo en que a través de las relaciones humanas, se forman las ideas y actitudes, hacia la religión.

Resulta obvio que la relación padres-hijo requiere un amor normal adecuado y sin interrupciones; ni demasiado grande ni demasiado pequeño. Los excesos suponen una amenaza para la futura vida amorosa del niño, y también para su vida religiosa.

Los griegos aprovecharon la etapa primaria y egoísta del desarrollo del niño para crear una de sus leyendas más hermosas: la de Narciso, que vio su propio reflejo en el agua, se enamoró mirándolo, y se ahogó. De esta leyenda proviene la palabra "narcisismo", que significa el amor a uno mismo. El mayor y primer amor del niño es hacia sí mismo, y luego fluye de él hacia sus padres. Si ese primer amor del niño no se corresponde como es debido, se vuelve hacia él mismo y el resultado es el narcisismo.

Ann R. era hija única. Su madre era una mujer rica, hermosa y de intensa vida social. Pero, al poco tiempo de nacer, Ann fue confiada al cuidado de niñeras y criadas, y sólo veía a su madre por un período brevísimo cada día. Esta le daba todo cuanto puede dar el dinero, pero no una parte de sí misma.

Como resultado, Ann creció aislada y retraída. Aunque exteriormente alegre y llena de recursos, en su interior se sentía insegura y desconfiada. Por algún tiempo sufrió una depresión profunda que, debido a su entrenamiento excelente para ocultar lo que sentía, supo disimular ante todo el mundo. Estaba convencida de que no podía confiar en nadie y, si alguien le ofrecía su amistad, pronto empezaba a buscar motivos ulteriores.

Su juventud, encanto, buena educación y dinero no la satisfacían en absoluto. Por mucho interés que sintiera por la gente, o por algo aparte de sí misma, todo era en realidad pálido y negativo.

Una falta de interés tan completa incluye de modo inevitable la falta de fe en Dios y, aunque Ann había sido miembro de la congregación más adecuada para su familia y grupo, al término de la adolescencia se pasó a otra totalmente distinta. El caso de Ann es un ejemplo típico de narcisismo; el amor que sintiera en su infancia, habiendo sido rechazado por su madre, se volvió hacia sí misma.

Nadie puede estar siempre en guardia contra algún "enemigo oculto" y tener unas relaciones satisfactorias. Tales reservas suponen la muerte del amor. Si alguien cree que, al someterse al amor en cualquier forma, se verá forzado a una servidumbre penosa, entonces el amor es imposible. Tanto si esa impresión se basa en hechos o en fantasías, tanto si el daño causado a la psique proviene de una causa real o imaginaria, su influencia resulta determinante. Sólo cuando desaparecen las inhibiciones ocultas es posible la relación personal o religiosa auténtica.

La fe en nuestros padres, así como la fe en Dios, se basa en el amor. Uno puede amar intensamente con su mente consciente, o hacer conscientemente todo lo posible por conseguir una relación adecuada con Dios; pero los esfuerzos de la mente consciente no bastan. Es en el subconsciente donde se albergan los sentimientos más profundos de nuestra naturaleza. Aunque también allí se bloquea el libre fluir de nuestras emociones.

Sólo si comprendemos nuestras limitaciones podemos recibir ayuda exterior. Algunos encuentran esa ayuda en la filosofía o la ética, otros en la religión. La vida es demasiado compleja e impredecible, demasiado difícil y severa, para que nos enfrentemos a ella únicamente con nuestras pobres fuerzas. Cada uno de nosotros experimenta la necesidad de un poder que le sostenga por encima y más allá de sí mismo, una fuerza en que apoyarse, unos recursos de los que echar mano.

El poder de la fe

NORMAN VINCENT PEALE

El vapor *Statendam,* uno de los barcos más hermosos de la ruta del Atlántico norte, fue bombardeado y ardió en el muelle de Rotterdam cuando los nazis invadieron Holanda durante la segunda guerra mundial. Su capitán, mi buen amigo el capitán George Berendse, se dirigía en ese momento a América en otro barco, ya que el suyo se había retirado temporalmente del servicio debido a la situación de la guerra.

Cuando el capitán llegó a los Estados Unidos, trató de comunicarse con su esposa e hijo en Holanda. Se había enterado del bombardeo sistemático de Rotterdam por la prensa, que informaba del enorme número de muertos y de que la tercera parte de la ciudad estaba reducida a escombros. Pero todos los esfuerzos que hizo para hablar con su familia fueron en vano.

Con el barco destruido, su esposa e hijo quizás heridos o incluso muertos, la ciudad en ruinas y el país invadido, el capitán vino a mi iglesia un trágico domingo por la mañana, en mayo de 1940. Le vi sentado en el banco, abrumado al parecer por el peso del dolor. En parte por él, cambié los himnos que había elegido, y la congregación cantó como nunca estos nobles himnos: "Oh Señor, nuestra ayuda en el pasado, nuestra esperanza en el futuro", "Poderosa fortaleza es nuestro Dios, baluarte invencible", y el himno holandés, tan conmovedor: "Aquí nos hallamos reunidos". Me sentí afectado al observar a aquel capitán, uno de los mejores marinos del mundo, cantando con los ojos llenos de lágrimas nacidas de la fe indomable de su corazón.

Más tarde, el capitán vino a nuestra casa y, durante el almuerzo, tuvo lugar una experiencia espiritual muy notable. Hablamos de su vida en Europa, de su barco, al que todos amábamos y en el que habíamos navegado, y de su familia. El capitán, hombre de fe profunda, hablaba en tono controlado aunque indudablemente sufría una intensa angustia de espíritu. Casi como si hablara para sí mismo, como si estuviera solo, dijo una plegaria noble y valerosa cuando yo le pedí que bendijera la mesa:

—Señor, ayúdame a no odiar, guía los pensamientos, palabras y obras de los que gobiernan los países en guerra . . . que se haga tu voluntad . . . y que venga Tu reino —las palabras salían una a una, lentamente, como arrancadas de su propia alma—. Dios mío, cuida de mi esposa e hijo. Antes de que ella fuera mía ya te pertenecía a Ti, Señor; antes de que mi hijito viniera a mi, era Tuyo, Padre. Están en tus manos. Confío en Ti. Que se haga Tu voluntad . . .

De nuevo buscó las palabras en su alma. Prosiguió:

—Ruego por Hitler. Que Dios guíe a Hitler. El tiene poder sobre las vidas de muchos hombres. Tú puedes cambiar su corazón, Señor. Ayúdame a no odiar a Hitler. Ayúdame a decirlo de verdad, oh Dios mío.

En nuestra mesa, en una sencilla cena familiar, nos quedamos atónitos ante un gran cristiano. En aquel capitán holandés, firme entre las ruinas, veíamos la grandeza suprema de la fe cristiana, la magnificencia del alma, del espíritu que tiene fe en los seres humanos. Con un nudo en la garganta y el corazón abrumado, observábamos el triunfo, la victoria inefable de la fe en el alma de un hombre. Habría sido comprensible ver estallar el odio, la venganza, la amargura y el dolor inconsolable.

La plegaria fue pronunciada en voz baja y con sencillez, como entre amigos íntimos y comprensivos, pero tenía en sí una elocuencia que jamás olvidaremos. El capitán poseía un secreto que le mantenía en pie en aquellos momentos difíciles. Su fe era lo bastante fuerte para sostenerle, para que pudiera ver con claridad, sin cegarse. Con aquella fe realmente estaba asido a la mano de Dios. Contaba con El tan por completo que, con confianza suprema, lo dejaba todo en manos de Dios. Por eso recibía paz y fuerzas.

Una joven de mi iglesia es hija de un médico famoso que, al fallecer, le dejó una sustanciosa fortuna. Sin embargo, ésta se hallaba complicada en un litigio. La hija no tenía fondos para iniciar el proceso, pero un abogado, viejo amigo de la familia, vino en su ayuda adelantando el dinero necesario y haciéndose cargo del caso.

Al término de un largo proceso, y con gran sorpresa por parte de ambos, se dictó sentencia en su contra. La joven había perdido cuanto esperaba poseer, así como también la suma que le adelantara su amigo el abogado. Juntos salieron de la sala del tribunal e iniciaron lentamente la marcha por la calle. Cuando habían recorrido en silencio cierta distancia, el abogado se volvió a la joven.

—¿Algo va mal? —preguntó—, ¿No te encuentras bien?

—Sí, claro —contestó ella—. Me siento perfectamente bien. ¿Por qué me lo pregunta?

El la miró atónito.

—¿Es que no comprendes lo que ha ocurrido? Lo has perdido todo y estás sin un céntimo. Sin embargo, no te veo histérica, ni vencida por el pánico. No das señales de estar abrumada, ni preocupada siquiera. Te veo tan tranquila que temo por ti.

La joven le contestó:

—Vamos al parque, sentémonos en ese banco y se lo explicaré —cruzaron hacia el parque. Ella continuó:

—Tal vez usted no lo comprenda pero, durante todo el juicio, yo rezaba para que se cumpliera la voluntad de Dios. No podía pedir un triunfo para mí a menos que Dios lo quisiera, por eso rezaba para que el resultado del juicio fuera según Su voluntad. El veredicto ha sido en mi contra y, aunque no lo entiendo, en cierto modo sé que es la voluntad de Dios y la acepto. Ahora sólo siento paz en el corazón.

El abogado la miró atónito, pero sólo vio en su rostro serenidad y dominio propio. La sinceridad de la joven era impresionante.

Pasaron unos meses durante los cuales la joven, que confiaba en disponer de amplios recursos, se vio obligada a luchar contra la adversidad. Sin embargo, su fe sincera le permitió sobrevivir y pudo mantenerse.

Una noche, y en sueños, tuvo la impresión de que debía llevar el caso a un tribunal superior. Se lo contó al abogado, y esto la convenció para abrir de nuevo el caso. Tras unas semanas, se pronunció un nuevo veredicto, esta vez a su favor. Además, con esta sentencia recibió una cantidad mucho mayor de la que se le habría concedido de haber ganado el primer juicio. Salió del tribunal con su amigo, que se volvió a ella y le dijo:

—Ya tengo un nuevo nombre para ti. A partir de ahora te llamaré "Señorita Fe".

Este incidente recalca la importancia de la plegaria sincera de la joven: Que se cumpliera la voluntad de Dios. No deseaba nada para sí a menos que Dios lo quisiera también: por eso se sintió feliz aun cuando la respuesta resultó adversa. Sus deseos y propósitos eran totalmente espirituales. Aquella abnegación auténtica y la plenitud de su entrega personal abrió su ser al fluir sin límites del poder divino. Este incidente tiene caracteres de maravilla y tal vez por eso sea rechazado por algunos que, viviendo sobre una base puramente humana, jamás esperan que sucedan maravillas. Pero en una ocasión el gran Maestro, al ver que sus discípulos no tenían fe auténtica en la posibilidad de que sucedieran los "milagros", se asombró ante su incredulidad. Le desconcertaba y sorprendía que su fe fuera tan pobre.

He citado estos dos incidentes para demostrar que en dos vidas, distintas en todo a excepción de la sincera entrega a la voluntad de Dios, se demostró que la fe es la respuesta. La lista de personas semejantes a éstas podría alargarse indefinidamente. Pero volvamos a la cuestión importante que surge directamente de estas experiencias: ¿Cómo se consigue esta maravillosa fe?

Durante mucho tiempo se ha dicho a los hombres que *tengan* fe. Lo que yo me propongo en este capítulo es enseñarles *cómo* tener fe. Mi propósito consiste en ayudar a cuantos lean este libro a adquirir tal capacidad espiritual que puedan desarrollar una vida útil, afectiva y satisfactoria. Yo creo que la mayoría de la gente desea sinceramente los beneficios que proporciona la fe, pero su problema es que no saben *cómo* lograrlos. Ignorantes de las técnicas de la fe, son incapaces, por tanto, de practicarlas. El hombre medio cree vagamente que la religión tiene fuentes de poder que están a su disposición, pero no conoce el método práctico de acercarse a esas fuentes.

Si yo le dijera a usted que todo lo que le turba, toda su infelicidad y debilidad pueden eliminarse, si le afirmara que todo en la vida puede ser grande y efectivo, ¿cuál sería su reacción? Probablemente escéptica, o al menos vacilante, pues dudaría de la posibilidad de tales resultados maravillosos. Como a algunas personas nunca les ha sucedido nada grande, dudan de que algo grande pueda sucederles. Sufren de lo que un gran pensador definió una vez como "la inercia constante del alma".

En cambio, es un hecho que la vida de cualquier persona puede cambiar tan por completo que los obstáculos que interfieren con su bienestar queden eliminados o controlados con efectividad. Esta no es una afirmación académica, sino sobradamente probada por la experiencia de muchas personas que han obtenido los resultados más sorprendentes. Estas personas aprendieron la técnica de la fe y así hallaron un elemento curativo tan potente que ninguna enfermedad de la personalidad pudo resistir su fuerza salutífera.

Y, como la mayoría de los procesos que hacen época, opera con toda sencillez.

El arte de tener fe puede desarrollarse mediante dos sugerencias, si estas se siguen con toda fidelidad: 1) la práctica de la plegaria y la meditación devota, sencillas pero habituales; 2) la entrega de la propia vida a la voluntad de Dios con una actitud de confianza infantil.

El difunto Henry Drummond fue uno de los intelectuales y eruditos más importantes de su época. Además, era un genio espiritual, una de esas pocas personas dotadas de una comprensión agudísima de las leyes espirituales. El secreto de Drummond era tan sencillo que cualquiera puede ponerlo en práctica. He aquí la fórmula, según sus propias palabras:

—Diez minutos pasados en compañía de Cristo cada día, incluso dos minutos tan sólo, harán la fórmula distinta.

Multipliquen eso por cada día y añadan el efecto acumulativo del hábito y la transformación de la actitud mental, y comprenderán que este breve período, fielmente observado, puede cambiarlo todo, incluso su vida entera.

Algunos hombres fuertes, de felicidad radiante, viven, según Morley dijo de Gladstone, "como desde la profundidad de su ser", y el examen de su programa diario revela períodos regulares de meditación espiritual. Drummond nos dice que unos minutos al día dedicados a pensar en Cristo, y a buscar consciente y sinceramente su poder, harán distinta la jornada. Esta práctica sencilla nos da el control sobre los temores, la debilidad y esa trágica ineptitud que interfieren de modo tan desastroso con el éxito en la vida.

Wordsworth descubrió el valor sorprendente de un período diario de meditación espiritual. Su método era extraordinario, pero gratificador, a juzgar por la cualidad de su mente y carácter. Tenía la costumbre de meditar a diario en unas cuantas palabras de Jesús, leyéndolas lentamente, saboreándolas para obtener todo su significado. Pensaba: "Me pregunto qué quiso decir Jesús al pronunciar estas palabras. ¿Cuál sería la expresión de su rostro, el tono de su voz?" Y este enfoque servía para que Cristo se acercara a Wordsworth como un personaje vivo y real.

Con frecuencia se habla del ritmo apresurado y del agobio que caracterizan la vida actual como excusa para no disponer de esos minutos diarios dedicados a la oración y la meditación personal. Esto, por supuesto, es falso. Todos tenemos mucho tiempo para lo que nos gusta hacer. Y todos podemos estar solos, al menos diez minutos cada día, para relajar el cuerpo, la mente y el alma, abrirnos a Dios y permitir que las energías divinas entren en un espíritu receptivo.

Existe una cualidad en la mente mediante la cual, y con la práctica, podemos retirarnos a nuestro interior y hallarnos en el templo sereno de nuestra alma. En el tren o en el autobús, en el metro que circula a toda velocidad, podemos cerrar los ojos, volver la mente hacia Cristo y retirarnos del mundanal ruido para unos minutos de comunión que nos darán la paz, la fuerza y una actitud imperturbable para toda la vida.

Insisto en esta práctica porque es el mejor medio para desarrollar la fe. Viva con Cristo en asociación espiritual y diaria, y su fe en Dios se hará profunda y segura. Porque hará de Dios un factor auténtico, en vez de un concepto vago. Un viejo indio ciego del oeste, una magnífica persona dotada de paz interior y espíritu amable, reveló la fuente de sus fuerzas cuando dijo:

—Es fácil creer en Dios cuando uno vive a solas con El en la oscuridad.

Este hombre sabía tener fe porque espiritualmente vivía con Dios.

Podría escribir páginas y páginas hablando de teorías sobre cómo conseguir la fe, pero le ahorraré tanta lectura afirmando que, si usted reserva decididamente unos minutos, diez, cinco, o, como dice Drummond, incluso dos minutos, para pensar en Dios y en Cristo, para confesar sus pecados, orar por los que le han hecho mal y pedir fuerzas, y si lo hace con constancia, día tras día, entonces la verdadera fe empezará pronto a proporcionarle salud espiritual y fuerzas a través de su personalidad.

Un caballero chino, corredor de bolsa de gran éxito, nos contó recientemente su historia en nuestra clínica de la iglesia. Fue un relato espiritual, lleno de tragedia, casi un drama. Provenía de una familia rica y tenía todas las oportunidades que ofrecen la riqueza y las relaciones sociales. Pero hacía poco había perdido a su esposa debido a su mala vida, y su fortuna siguió ese mismo camino, sobre todo por pérdidas en el juego. Le falló la salud y un desequilibrio nervioso le dejó incapacitado casi para todo, excepto para un margen de actividad muy limitado.

En este punto conoció a unas personas cuyo gozo y felicidad en la vida le asombraron. Nació en él la esperanza de que tal vez hubiera un modo de salir de su triste fracaso. Ellos le dijeron que el camino era la fe, pero ese consejo le pareció fútil. La fe era, precisamente, lo que él no tenía: ni en Dios, ni en sus congéneres, ni en sí mismo. Pero era una de esas almas extraordinarias que, una vez convencidas de las grandes posibilidades que existen, no se dejan atemorizar por ningún obstáculo, por formidable que éste sea.

Inició un plan diario de comunión con Dios, pues un amigo le dijo que ése era el camino hacia la fe. La perseverancia le resultaba difícil debido al estado de sus nervios y a su vacilante condición mental. Pero se aferró a ello con desesperación, comprendiendo que era su última esperanza. Cada mañana, durante treinta minutos, se entregaba a un periodo de meditación y se hacía cuatro preguntas:

1. ¿Qué tengo que agradecer a Dios por lo ocurrido durante las últimas veinticuatro horas?
2. ¿Qué pecados he cometido en las últimas veinticuatro horas?
3. ¿Qué desea Dios que haga yo?
4. ¿Por quién debo rezar?

Limitaba el tiempo de las dos primeras preguntas a veinticuatro horas porque sabía que la memoria tiende a no ser muy específica a menos que el periodo de análisis sea corto.

Como resultado de esta práctica, venció la incapacidad. Su mente empezó a funcionar con la eficiencia de los buenos tiempos. Hoy en día es un hombre feliz.

A veces, durante mis entrevistas, y cuando se abre paso el profundo manantial de la experiencia, he sentido claramente la presencia de Cristo. Así sucedió cuando este caballero afirmó su convicción positiva de que la fe en Dios había remodelado toda su vida, incluída su salud y negocios.

El segundo método, el definitivo para tener fe, es sencillamente este: *tener fe.* Muchas personas se pierden explorando procedimientos abstrusos sin saber que el secreto consiste en creer por un acto de confianza. Por esta razón nos dijo Cristo que no podríamos entrar en Su reino a menos que tuviéramos un corazón de niño.

El nuevo testamento dice: "que se haga en vosotros según vuestra fe". Recibimos los bienes en proporción directa a la cantidad de fe que ejercitamos. "Señor, yo creo, ayuda Tú a mi incredulidad". Esta es la actitud que abre la puerta a una nueva vida. Con las palabras más sencillas esto significa: "Confío en ti, oh Señor. Creo, aunque no comprenda. Creo, aunque las sombras de la duda cubran mi mente". Porque el espíritu lucha por creer, triunfando sobre las débiles dudas del cuerpo, tan pegado a la tierra.

La liberación de las fuerzas que se obtienen con esta victoria de la fe es el fenómeno más impresionante de la experiencia humana.

Me pidieron que visitara a un paciente en un hospital de tuberculosos. El hombre dijo que se había sentido animado por un programa de radio que yo ofrecía cada semana, y que deseaba hablar conmigo. Fui a verle perdiendo muchísimo tiempo, ya que el hospital estaba a cierta distancia de la ciudad, pero valió la pena, pues supuso una de las experiencias más inspiradoras, más iluminadoras de mi vida. Hallé a este hombre acostado sobre una tabla debido al estado de su columna vertebral. Tenía la mano inútil, pero era uno de los hombres más felices que he conocido. Yo, que había ido allí a consolarle, me sentí consolado e incluso emocionado por la historia que me contó.

Le habían llevado al hospital dejándole allí para que muriera. Había sido un abogado de éxito, con esposa y dos hijos. Todo lo que tenía se había utilizado en la batalla por salvarle la vida.

Cuando le hospitalizaron tenía fuertes hemorragias, con dolores muy fuertes. Su estado, al parecer, no tenía remedio. En ese punto fue cuando escuchó el programa de radio en el que se leyó esta cita del Nuevo Testamento: "Todo lo puedo en Cristo que me conforta".

—Usted dijo —me explicó— que, sea quien sea, esté donde esté y en cualquier condición o circunstancia, si uno entrega su vida completamente a Dios y pone su confianza en El, puede obtener el poder divino con el que vencerlo todo. "También habló de la cantidad de fe que necesitábamos: "aunque sea como un grano de mostaza". Me pareció una inversión muy pequeña para todo lo que ofrecía.

Mirándome directamente a los ojos continuó:

—Yo había oído esas cosas toda mi vida (es decir, cuando iba a la iglesia, lo que no sucedía demasiado a menudo), y jamás me habían afectado. En realidad —siguió diciendo—, supongo que nunca comprendí realmente lo que significaban. Pero esta vez se me ocurrió de pronto que era cierto. Incliné la cabeza e hice exactamente lo que usted decía. Supongo que estaba ya al final de la cuerda, así que lo dije de verdad cuando puse mi vida en manos de Dios. Y entonces sucedió algo extraño. Sentí que la paz me inundaba. Llegué a tener la convicción de que, por muchas y dolorosas hemorragias que tuviera, nada podría dañarme de nuevo. Aún, llegué más allá y repetí mi entrega cada día, varias veces al día, hasta que llegó el momento en que me sentí convencido de que las hemorragias cesarían. Y cesaron sin que haya vuelto a tener otra hasta la fecha. (Esta conversación tuvo lugar dos años después de la experiencia espiritual que él me había descrito).

Con sonrisa feliz continúo:

—Voy mejorando lentamente, pero eso no es lo principal que me ha sucedido. Lo verdaderamente importante es esta fuerza nueva y extraña, esta maravillosa paz interior, esta impresión de estar unido a la misma fuerza de Dios. Nosotros, mi familia y yo, hemos tenido que enfrentarnos a muchos problemas difíciles. Una y otra vez nos hemos visto atrapados en lo que parecía ser un callejón sin salida. Pero Dios nos habría un camino cada vez, y así lo hará siempre.

Mirando a ese hombre heróico e inspirador, comprendí que estaba escuchando uno de los relatos de la gracia de Dios más sorprendentes, pero auténticos, que he podido conocer. Ambos sabíamos ese día que no hablábamos de un suceso imaginario, sino que nos hallábamos ante la experiencia real de un hombre que, en su necesidad, vino a descubrir lo mejor que puede sucederle a un ser humano: la liberación auténtica, mediante la fe, de la fuerza de Dios en la experiencia humana. En la fe religiosa, que está a nuestra disposición y para beneficio nuestro, hay un poder mucho mayor del que creemos.

CAPITULO 2

LAS ENERGIAS OCULTAS DE LA MENTE

Las energías ocultas de la mente

SMILEY BLANTON

Nada que nos suceda, dormidos o despiertos, se pierde por completo. Todas las experiencias se almacenan en nuestra mente. Parte de ello queda indudablemente en nuestra mente consciente, en la parte de nuestra memoria de la que tenemos conciencia. Pero la mayor parte, con mucho, de nuestros recuerdos, aunque conscientemente olvidados, quedan reprimidos bajo el nivel de la memoria consciente.

¿Qué pruebas existen que apoyen esta teoría? Mucho antes del auge de la psiquiatría moderna, o psicoanálisis, el estudio del hipnotismo demostró claramente la existencia de esa reserva de recuerdos. El Dr. August Hoch, en sus conferencias a los estudiantes, hablaba de una demostración impresionante en el despacho del Dr. Morton Prince, uno de los primeros en la práctica del hipnotismo. Como experimento, el Dr. Prince puso a una paciente en estado de sueño hipnótico.

—Cuando lleve cinco minutos despierta —le dijo el Dr. Prince— vaya a la repisa de la chimenea, tome una fotografía que hay allí y hágame una pregunta acerca de la misma.

La mujer se despertó sin recuerdo consciente de esa sugerencia. Se sentó junto al Dr. Hoch, que inició una conversación con ella. Mientras tanto, el Dr. Prince se sentó a escribir en su mesa. Cinco minutos más tarde, casi al segundo, la mujer interrumpió de pronto la conversación con el Dr. Hoch. Se dirigió a la chimenea y tomó una fotografía, exactamente como él le había dicho.

—Disculpe, Dr. Prince —dijo—, ¿se trata de un miembro de su familia?

—No —contestó él—. ¿Por qué lo pregunta?

—Bien, ya la he visto antes —explicó ella— y creo que esta fotografía se parece a usted. Me preguntaba si no sería algún pariente suyo.

En realidad la fotografía había sido colocada en la repisa por primera vez aquel mismo día.

Sin la teoría de la existencia del subconsciente no puede explicarse la capacidad para diferenciar las cosas durante el sueño. En un hospital, los internos que estaban de guardia dormían en la misma habitación, y eran cuatro. Se utilizaba un zumbador eléctrico para llamarles, con una señal diferente —zumbidos largos o cortos— para cada interno. Los cuatro llegaron muy pronto a despertarse sólo a su llamada, y a no oir siquiera las de los demás.

Pero la mente subconsciente es algo más que un almacén de recuerdos ocultos. También almacena lo que sentimos acerca de esos sucesos.

Nada ocurre al individuo, desde el nacimiento hasta la muerte, que no lleve unido a ello alguna sensación, ya de placer, ya de disgusto (o displacer). Con los recuerdos que se reprimen quedan reprimidas también las emociones, agradables o desagradables, haciendo que el subconsciente no sea sólo un almacén de recuerdos, sino también de emociones no liberadas.

Hace más de treinta años, el psicólogo William James describió esos recuerdos y emociones reprimidas como "energías ocultas". La psiquiatría moderna, tras muchas y laboriosas observaciones clínicas, ha decidido que la fuente de esa energía está en el subconsciente, y que la mayoría de nuestros actos viven motivados por ella.

Es cierto que la mayoría de la gente va por la vida utilizando tan solo una parte muy pequeña de esta energía disponible. El resto constituye una reserva de poder oculto e inútil, que sólo espera que lo pongamos en acción.

Pero, ¿puede abrirse a voluntad esa reserva, y liberarse para su uso diario? ¿Puede iniciarse el flujo de ese poder oculto mediante la comprensión inteligente? De ordinario, el origen de esa liberación es una crisis repentina y aguda. Entonces surgen las energías ocultas para proporcionar una fuerza y resistencia inesperadas.

Este despertar de la energía basta, en ocasiones, para transformar la vida de una persona. Escuché el relato de un ejemplo notable de labios de un ingeniero ruso que vivía en París. La historia se refería a su madre, que había sufrido experiencias terribles durante el período caótico de la revolución rusa.

—Mi padre, antiguo oficial del ejército del zar, había sido fusilado ante sus mismos ojos por un grupo enfurecido de revolucionarios. Con muchas dificultades, ella consiguió escapar de Rusia con mi hermano y conmigo, cuando teníamos diez y doce años. A eso siguieron meses de viajes constantes con grandes sufrimientos, incluso largos períodos en que casi morimos de hambre. Al fin llegamos a París, donde mi madre pudo crear un hogar para nosotros.

»Pero las horribles experiencias de los meses anteriores habían dejado su señal en ella. Empezó a sufrir de diabetes y úlcera de estómago, y a tener hemorragias abdominales. Sin embargo, lo peor era la postración emocional que la vencía. Había perdido interés en todo y no se movía de la cama, donde yacía un día tras otro como un cadáver viviente. No era una depresión corriente. Era como si sus fuerzas vitales la hubieran abandonado.

»Antes de meterse en la cama, mi madre solía visitar una verdulería cercana, dirigida por una campesina francesa que había llegado a París después que su marido e hijo murieran en la guerra. El hecho de tener un mismo problema había creado cierto lazo de simpatía entre las dos mujeres y un día, cuando mi madre ya llevaba unos seis meses enferma, la verdulera vino a visitarla. Recuerdo vivamente lo que ocurrió.

»La campesina se sentó junto al lecho de mi madre y empezó a hablar serenamente con ella. Yo estaba lavando los platos después de la cena y al principio presté poca atención a las palabras de la visitante, pero al fin me llamaron la atención unas frases y dejé la tarea para escuchar. La francesa intentaba convencer a mi madre de la necesidad de recobrar la salud.

»—No debe abandonarse así, querida amiga —le decía—. Sé que ha sufrido grandes dolores y desgracias, pero aún tiene fuerzas para recuperarse. Ha de pensar en sus dos hijos. Ambos la necesitan. Tiene la obligación de vivir.

»Hubo un instante de silencio en la habitación, antes de que la campesina concluyera con gran énfasis:

»—Es la voluntad de Dios.

»Durante unos momentos nada se oyó. Entonces sucedió algo extraordinario. Mi madre, aunque virtualmente inválida desde hacía meses, se alzó de pronto del lecho. Se puso el batín que había en una silla junto a la cama, cruzó la habitación hasta donde yo estaba y dijo en voz baja:

»—Yo lavaré los platos, hijo.

»¡Quedé tan asombrado que apenas podía creer lo que oía! Intenté protestar, pero mi madre me apartó a un lado.

»—No, no —insistió—. Yo lavaré los platos. Tú vete a la calle a jugar.

»—A partir de ese día, mi madre volvió a asumir su lugar en la familia, con paz, con valor y eficiencia. Sus enfermedades físicas desaparecieron al parecer. Mejoró rápidamente y, durante varios años, siguió siendo prácticamente una mujer sana.

Las palabras de la campesina (''Es la voluntad de Dios'') llegaron por lo visto a la enferma como una orden del cielo. Fueron el impulso que liberó sus reservas de energía y la restauró a la sociedad.

La conversación religiosa es con frecuencia resultado de influencias que han permanecido enterradas en el subconsciente durante años. Hace mucho tiempo, en una ciudad del sur, había un hombre que, aunque miembro de una buena familia, dirigía varios salones de bebidas y casas de juego. Era conocido como un "jugador honrado", pero su modo de vida iba indudablemente en contra de las enseñanzas de su madre, buena cristiana. Un día fue a predicar allí el gran evangelista del sur, Sam Jones; un sermón contra la maldad del alcohol y el juego. El propietario del salón se convirtió. Al día siguiente cerró sus bares y vertió el licor por las alcantarillas. Había decidido llevar una vida nueva y en realidad así lo hizo, y desde aquel momento. Las enseñanzas recibidas "en las rodillas de su madre" nunca habían perdido realmente su fuerza; siempre habían latido en su subconsciente.

Los estallidos repentinos de tendencias criminales surgen también con frecuencia del mismo modo. En ocasiones, un hombre de buen carácter asombra al mundo con un crimen inesperado. Pero él no ha cambiado de la noche a la mañana. Los impulsos antisociales de su subconsciente han ido aumentando poco a poco en potencia durante un largo periodo y se han polarizado al fin.

Las emociones del subconsciente suelen ser lo bastante poderosas como para producir graves enfermedades corporales y mentales. Una joven vomitaba y se sentía terriblemente asustada cada vez que había tormenta. Su explicación era bastante lógica. Estas manifestaciones, decía, se remontaban a un incidente que tuviera lugar hacía años, cuando cayó un rayo cerca de donde ella estaba. Pero la investigación demostró una razón muy distinta.

Realmente sus problemas no habían comenzado hasta tres años después del incidente del árbol. El temor intenso se apoderó de ella por primera vez cierto día de primavera en que su padre se quedó en casa y no fue a trabajar. Era un hombre muy fuerte, que jamás faltaba al trabajo a menos que estuviera muy enfermo, y la hija tuvo la impresión de que algo iba muy mal. Mientras estaba junto a la ventana mirando al campo cubierto de nubes negras, una de ellas se abrió con un resplandor y luego sonó el trueno. Un gran temor sobre su padre se apoderó de ella. El moriría poco después. La siguiente vez que hubo una tormenta se vio dominada por el pánico. La tormenta se había unido a la muerte de su padre. Entre esas dos cosas había alguna relación de la que ella era totalmente inconsciente. Sin embargo, era lo bastante fuerte como para afectar su modo de pensar, sus sentimientos y su salud física.

La existencia del subconsciente ya no se discute. La pregunta: ¿existen realmente esas energías ocultas?, ya ha sido constestada.

Pero el establecimiento de su existencia no tendría valor práctico a menos que nos proporcionara el medio de investigar en el subconsciente, de estudiar su estructura, de desarrollar un método para liberar sus energías ocultas y curar los conflictos y distorsiones que estropean la vida diaria de trabajo, de juego y de amor. Por fortuna para la humanidad enferma, existe una terapia efectiva. Debe su descubrimiento y desarrollo al trabajo notable del difunto Sigmund Freud. Este inventó la técnica para la resolución de dichos conflictos. Freud demostró que los sueños suelen completar —de modo encubierto y distorsionado— los deseos infantiles. Demostró también la relación clara entre los sueños y las enfermedades mentales y emocionales que limitan o trastornan nuestras fuerzas y nos causan desórdenes físicos. Su método científico para eliminar esas represiones y desenmarañar las distorsiones todavía no ha sido superado como medio para investigar el proceso de subconsciente.

El análisis de los sueños demuestra que en el subconsciente se almacenan en gran número de deseos, conflictos y represiones infantiles. La mayoría surgen de las relaciones del niño con sus padres. El niño, como sabemos, es al principio una criatura desvalida e incapaz de proveer a sus necesidades. Todo hay que hacérselo. Su personalidad se compone de deseos egocéntricos. Pero surge un conflicto entre su ego y el mundo exterior que sólo termina con la muerte.

Es indudable que el niño no puede ver satisfechos todos los deseos, aunque sus experiencias infantiles así le hayan llevado a creerlo. Como una vez fue cierto, comete el error de creer que cualquier sencillo deseo ha de lograr su consecución. El deseo y el acto se convierten en una misma cosa en su mente. Tiende a vivir como si la alfombra mágica no fuera un cuento de hadas, sino una realidad. Cuando se le niega algo, se siente rabioso, frustrado. Quiere devolver el golpe a la realidad que le niega sus deseos. Cuando se le obliga a hacer algo que no le gusta —por ejemplo, si se le envía a la cama, o se le quita un juguete peligroso, o se le manda salir de la bañera— él grita o piensa: «¡Te odio! ¡Te odio!» Normalmente, este odio no es intenso, y va asimilándolo a medida que crece. Sin embargo, la frustración persiste, y en grado muy profundo.

La relación amorosa más fuerte del niño es con los padres. Por eso se resiste a la necesidad de abandonar esa relación tan apreciada. Intenta aferrarse a su amor infantil, dominar a sus padres. Tal vez los padres fallen al enfrentarse a esta situación crítica: quizás no le amen lo suficiente, o le amen demasiado, o le concedan su amor a un precio excesivamente alto.

La separación psicológica del niño puede prolongarse o bien ocurrir de modo repentino. El niño, sintiéndose rechazado por esta separación necesaria, reacciona con un antagonismo más o menos fuerte. Pero, para su propia satisfacción, ha de conservar la atención amorosa de sus padres. Por tanto, la hostilidad le resulta turbadora y la reprime en el subconsciente, donde sigue operando de un modo que él ya no reconoce. Normalmente el niño no consigue impedir por completo la impresión de esa hostilidad. Es característico que quiera a sus padres un momento y se vuelva furioso contra ellos al siguiente.

La capacidad que tiene el niño de amar y odiar a la misma persona, y casi al mismo tiempo, se conoce con el nombre de ambivalencia. Y el subconsciente conserva esta cualidad contradictoria durante toda la vida, influyendo en la conducta adulta de modos insospechados. Un estudiante universitario de inteligencia notable sufría angustias de muerte antes de decidirse a hacer el viaje más trivial. Se encaminaba a la ciudad y luego se detenía preguntándose si realmente debía ir o no. En realidad, se volvía en redondo, luego giraba de nuevo hacia su objetivo. Esto le sucedió con tanta frecuencia que tuvo que hacer que le reforzaran los tacones con hierro a fin de que no se desgastaran con tanto ir y venir.

Los impulsos ambivalentes no siempre alcanzan una intensidad tan obvia. Pero hay muchas personas que tienen grandes dificultades para decidirse en cosas corrientes y diarias. Pierden energías yendo de una cosa a otra sin detenerse en ninguna. Esta actitud ambivalente suele ser resultado de represiones infantiles inconscientes. La capacidad de reprimir —de impedir que los deseos turbadores lleguen a la mente conscientes— es un mecanismo necesario de la vida mental. Opera cuando entran en juego impulsos o deseos que amenazan el código moral de la persona, o le ponen en conflicto con su grupo social.

Sin embargo, estos impulsos, generalmente de tipo infantil, no pueden reprimirse por completo. A veces surgen en los sueños, o como actitudes ambivalentes, o incluso en forma de ideas o actos obsesivos, como en el caso del Dr. Johnson, que no podía resistirse al impulso de tocar todas las farolas junto a las que pasaba.

La represión es responsable también del olvido. Cuando algo desagradable se nos ha grabado con fuerza, eso evoca una actitud antagónica en el subconsciente e influye de tal modo en la mente consciente que da lugar al olvido. La mayoría de la gente se opone violentamente a esta explicación. Se niegan a creer que hayan olvidado deliberadamente algo que desean recordar. Su objeción está basada en la idea errónea de que cada deseo es lo que parece ser . . . y que hay que tomarlo tal y como se presenta.

Para comprender esta ambivalencia yacente debemos comprender los impulsos, que son un elemento muy importante del subconsciente. Pero recordar eso que se llaman recuerdos olvidados suele ser imposible sin la ayuda de alguna técnica especial como el psicoanálisis. Lo que ha causado una impresión realmente profunda, lo que ha quedado grabado en la mente, pocas veces se olvida, sólo queda profundamente enterrado.

Cierto joven sufría de indiferencia y de una suspicacia profunda. Estos sentimientos se habían desarrollado durante la primera juventud. Su madre era una mujer concienzuda en exceso, que opinaba que no debía mimarse demasiado a los niños, aunque los quería muchísimo. Este joven, el más pequeño de los seis hermanos, había interpretado equivocadamente esa actitud como falta de amor.

El psicoanálisis sacó a luz un incidente muy significativo y enterrado en su subconsciente. Un día, cuando contaba unos seis años, su madre le riñó por alguna travesura sin importancia. El se arrodilló en el suelo y se le abrazó a las rodillas.

—¡Mamá! —gritó apasionadamente—. ¿Es que no me quieres? ¿No me quieres?

Silenciosamente, ella se soltó de sus bracitos y se alejó sin decir palabra.

—Me hizo el efecto —confesó ahora el joven— de que el cielo se derrumbaba sobre mí.

Este incidente culminante, olvidado durante muchos años, demostró haber sido la causa de sus problemas psicológicos.

Los recuerdos olvidados mantienen su poder de dominio de un modo peculiar, porque el subconsciente no tiene en cuenta el paso del tiempo como lo hace la mente consciente. Los impulsos reprimidos en el subconsciente durante la infancia continúan tan poderosos al cabo de medio siglo como en el día en que se recibieron. Podría afirmarse, repito, que el subconsciente no ha aprendido el paso del tiempo. Tal vez esto no parezca lógico, pero tampoco suena "muy de sentido común" el decir que el agua, un líquido, está compuesto de dos gases invisibles, hidrógeno y oxígeno, ¿verdad?

Sin embargo, hay otras cosas en el subconsciente aparte de los deseos reprimidos y los penosos recuerdos olvidados. También es el origen de nuestros sentimientos más reconfortantes, de nuestro amor y nuestra fuerza. La religión surge del subconsciente también. Fue y sigue siendo primordialmente, una experiencia emocional; la razón corriente no puede aplicársele.

En el subconsciente yacen asimismo las tendencias del hombre primitivo que han permanecido en todos nosotros y que han sido reprimidas en él. De allí surgen las supersticiones, como la de sentarse trece a la mesa o la de tocar madera después de presumir de algo, con objeto de asegurar la continuidad de la buena suerte. La falacia de la "magia casera" procede del mismo origen; se demuestra en creencias tales como la de que regar el patio traerá la lluvia, o que comer carne roja hará viciosos a los animales.

La gente varía en la intensidad de retención de esas tendencias. Para algunos, su vida entera se halla dominada por las supersticiones. Pero con la mayoría de nosotros ese remanente de pensamientos primitivos ha afectado la mentalidad moderna.

En realidad, la energía y la fuerza básicas del hombre dependen del instinto de autoconservación o de reproducción que invade el subconsciente. Y, aunque esta energía y fuerza básicas son indudablemente amorales y antisociales, facilitan poder dinámico al individuo. Si no se las disciplina y obliga a servir a fines útiles, estallarán en una transformación de la personalidad o desembocarán en distorsiones de grupo, como la agresividad y crueldad que reinan en el mundo.

Sin embargo, el hombre, mediante la ayuda de la razón, tiene la capacidad de modificar, cambiar y dirigir esa energía primitiva e instintiva hacia fines útiles. No puede ser suprimida, luego debe ser controlada. El mecanismo para dicho control se conoce con el hombre de sublimación; la transformación de las metas destructivas de la energía en metas deseables.

El impulso agresivo del niño, por ejemplo, es en sí perfectamente normal. Es una fuente de gran energía. Y, como tal, necesita una dirección adecuada. En la vida normal, ese impulso belicoso del muchacho ha de dirigirse a deportes tales como el boxeo, el fútbol o el alpinismo. Sublimado de tal modo, quizás produzca más tarde un explorador o un gran ingeniero. Pero, suprimido, puede llevar a la indiferencia, al afeminamiento o a un tipo de pasividad compensada en exceso, que da lugar al belicismo.

El subconsciente, junto a los impulsos destructivos, también contiene la mayoría de los impulsos más constructivos del hombre. Es la fuente de su imaginación artística, de su mejor capacidad creadora.

Y es el depósito de la conciencia del hombre, de su sentido del bien y del mal. Parte de esta conciencia se halla asimismo en la mente consciente, pero esa parte es relativamente pequeña. La base auténtica de la moralidad del hombre yace en la mente subconsciente y profunda. Allí es donde van acumulándose, capa a capa, las primeras influencias que llegan a ser el fundamento de su carácter moral. Sin esta moralidad subconsciente, la vida se hace muy difícil. Porque, aunque surgen situaciones en las que una deliberación cuidadosa por parte de la mente consciente precede a cualquier decisión final, de ordinario no es factible el detenerse cada cinco minutos para pensar: ¿Esto está bien o mal?, ya que el hombre actúa automáticamente. Siente "por intuición", como él mismo dice, si lo que va a hacer está bien o mal. Así, por ejemplo, se basa en sus primeros conocimientos para saber si debe o no aceptar un soborno, o cometer perjurio, o estafar al prójimo.

El problema del hombre consiste en utilizar la energía del subconsciente del modo más efectivo. Los instintos infantiles han de sublimarse hacia fines deseables. Es preciso modificar las metas primitivas y utilizar la energía involucrada en ellas para propósitos más maduros.

Pero esto no se realiza ignorando los aspectos menos agradables del subconsciente. Ninguna enseñanza ética, religiosa o secular, obtendrá buenos resultados a menos que acepte al hombre tal como él es realmente. Sólo se logrará un avance cuando el hombre reconozca las leyes de su mente establecidas por su misma naturaleza. Tiene que comprender que gran parte de su subconsciente es infantil y amoral, ilógico o irracional, cruel y salvaje. No puede permitirse el mostrarse ofendido si alguien le dice que se deja arrastrar con frecuencia por esos motivos ocultos en el subconsciente. Si rechaza este hecho, pagará la penitencia de la enfermedad y la infelicidad. También debe apreciar que el sentido moral más profundo y las más nobles aspiraciones existen conjuntamente con esas fuerzas antisociales. Entonces, mediante la comprensión y la razón, puede poner orden en las fuerzas desordenadas de su vida mental.

Con el hombre tan "salvajemente atacado, tan salvajemente rebajado", según lo expresa elocuentemente Robert Louis Stevenson en su *Pulvis et Umbra,* "¿quién podría condenarle si se dejara arrastrar por su destino y fuera un ser puramente bárbaro?" Y, sin embargo, nosotros seguimos viendo hombres "que continúan batallando sombríamente en la lucha perdida de la virtud, que aún se aferran, en el burdel o en el cadalso, a cierto tipo de honor, ¡la pobre joya de sus almas!. . . Están condenados a cierta nobleza''.*

**Obras de Robert Louis Stevenson,* Edición Lothian, vol. VII, ''Virginibus puerisque: pulvis et umbra'', Everleigh Nash & Crayson, Londres, 1881, p. 245 y siguientes.

Las energías ocultas de la mente
NORMAN VINCENT PEALE

"Los hombres utilizan habitualmente sólo una pequeña parte de los poderes que poseen y que podrían aprovechar en circunstancias adecuadas", dijo el eminente psicólogo William James. Cada persona tiene en sí la fuerza para ser mejor y realizar más, según este gran experto en la personalidad.

En el fondo de cada individuo normal existe una gran reserva de fuerza intacta que sólo aguarda a que la utilicemos. En la mayoría de los hombres apenas una parte pequeñísima aflora a la superficie, y con eso vivimos y trabajamos. No es de extrañar que muchos se sientan cansados y desgraciados, frustrados e inefectivos. Si un coche de dieciséis cilindros poseyera sentimientos y razón no se sentiría feliz, o al menos satisfecho, si se viera avanzando difícilmente con un sólo cilindro. Pues eso es exactamente lo que hacen muchos. Este libro se propone ayudarle para que usted aprenda y practique el secreto de la utilización máxima de sus fuerzas y su capacidad.

El primer paso para llegar a ser lo que usted *puede* ser es saber *lo que es*. Es decir, nadie logrará disponer de todo su poder potencial a menos que llegue a conocerse a sí mismo. El problema de demasiadas personas que fracasan en este mundo es que se pasan la vida pensando interiormente que son personas vulgares y corrientes. De este modo, y al no tener una fe fundamental en ellos mismos, disipan sus energías en una vida sin propósito. Viven sin metas, de modo vacilante, y todo ello porque jamás llegaron a imaginar lo que puede ser realmente la vida, y lo que pueden llegar a ser ellos. El Dr. Blanton ha demostrado las posibilidades para una vida de éxito que yacen en el subconsciente. ¿Cómo puede ayudar la religión a la liberación de esos poderes? La Biblia, que contiene, más que cualquier otro libro escrito, la visión más aguda del conocimiento de los seres humanos, cuenta la historia de un joven que se sintió aburrido con la vida que llevaba en el hogar paterno. Tomando una gran cantidad de dinero de su padre, se marchó de casa y la dilapidó en borracheras. Se nos dice que se fue a "un país lejano", lo que resulta una descripción muy adecuada. Sí, es lejano, pues algunos se alejan tanto para llegar a él que ya nunca regresan. Pero este muchacho *sí* regresó. Cuando se le agotó el dinero, cuando quedó sin trabajo, cuando hubo visitado a todos sus amigos que sólo le dieron la espalda, él "volvió en sí". El equivalente moderno sería "se examinó a sí mismo". He aquí un ejemplo de la sabiduría notable de la Biblia. Tenemos a un joven que se estaba destrozando no porque fuera malvado, sino porque no sabía nada de él mismo. Cuando "volvió en sí", cuando recuperó el sentido, tuvo una experiencia: el descubrimiento de sí mismo. Comprendió de pronto que había seguido el camino erróneo, que había estado malgastando sus energías, su capacidad y su futuro. Volvió en sí y, con discernimiento agudo, comprendió lo que era y lo que podía ser. Entonces dijo: "Me levantaré". Y a partir de ese momento su vida fue un movimiento de ascenso y de avance, hasta llegar a ser la historia de una vida decidida y victoriosa.

El cristianismo está siendo reconocido a diario, y cada vez con mayor fuerza, como la doctrina poseedora de las técnicas más seguras para ayudar a la gente a realizarse. Porque tiene una notable capacidad para transformar la vida corriente de los hombres y abrir puertas que su personalidad había atascado hace mucho tiempo. Mucha gente tiene la idea equivocada de que la religión restringe y coarta. Al contrario, la religión abre de par en par la puerta e invita a los hombres a vivir una vida más libre y más feliz. "Libera al prisionero", dice un antiguo himno y, claro, por eso hay tantos prisioneros incapaces de actuar. Prisioneros de los sentidos, prisioneros de las costumbres sociales, prisioneros de sí mismos. Cristo los pone en libertad cuando, comprendiéndose a sí mismos, ellos deciden: "Me levantaré e iré a mi padre".

Uno de los resultados de esa aventura del descubrimiento de uno mismo es la comprensión de nuestra bondad innata. Tanto si usted está dispuesto a admitirlo como si no, uste *es,* fundamentalmente, una persona buena. Nadie puede vivir de un modo vil por mucho tiempo sin provocar protestas crecientes de su mejor yo. Es imposible que un hombre escape por largo tiempo al desafío constante de la gran personalidad que late en su interior.

Hace años se escribió una obra de teatro titulada *Seis personajes en busca del autor.* La obra representaba un ensayo que interrumpían varios personajes exigiendo que los actores los representaran. Un cuadro bastante exacto de nuestra vida. En el escenario en que nos desenvolvemos, los grandes personajes que todos llevamos dentro exigen de nosotros que los representemos ante el mundo.

Nathaniel Hawthorne dejó entre sus papeles el esquema de una obra de teatro que nunca escribió, pero que nos intriga con sus posibilidades. Había de ser una obra en la que el personaje principal no apareciera nunca. Con su genio soberbio, Hawthorne podía haber logrado maravillas con esa idea, pero no necesitó escribirla para nosotros, pues usted y yo la hemos representado con frecuencia. Resulta trágico pensar que un hombre, en el escenario de la vida, sólo está representando los papeles secundarios: el intolerante, el cobarde, el derrotado, el mentiroso, el tramposo. Que un hombre jamás interprete el personaje principal que hay en sí mismo . . . es muy doloroso. Que no comprenda ni actúe como el héroe de su vida, que nunca sea el santo que hay en él. . . eso es una tragedia. No aparecer jamás como protagonista.

En toda persona débil hay una personalidad fuerte. En toda persona mala hay una personalidad buena. En toda persona derrotada hay una personalidad victoriosa. Comprender esa fuerza que late en nuestro interior es practicar el arte de vivir.

Esta aventura del autodescubrimiento lleva a la gente a conocer también, a través de su fe religiosa, que en sí mismos hay una personalidad firme que no admite el desánimo ni la derrota. Muchos reciben hoy en día tantos golpes y puñetazos que el ansia de devolverlos, el espíritu de lucha, casi ha desaparecido de su ser. Yo he visto a cientos de esas personas que, dispuestas a admitir que han sido derrotadas y que no pueden hacer otra cosa que quejarse y dejarse vencer por la amargura acuden a la fe religiosa tratando ansiosamente de conseguir más fuerza en esta vida. Entonces ponen su vida, con todos sus problemas, enteramente en manos de Dios, y El llena su vida de energía como si lanzara agua a un depósito largo tiempo vacío y seco. En la Biblia leemos: ''Pero a cuantos le recibieron, a ellos les dio el poder''. Y un número creciente de gentes están descubriendo la verdad de esta afirmación en la actualidad.

Un hombre de negocios, que aún no tenía cuarenta años, me habló de su experiencia. Había sido educado en un hogar piadoso, pero se apartó de la religión en sus días de universidad. Más tarde se dedicó a los negocios, se casó y se dejó arrastrar por un grupo social en absoluto conveniente. La relación de este hombre con los valores espirituales era muy, muy débil. Y entonces vinieron tiempos difíciles. Los negocios se complicaron. Su situación doméstica también. Tanto su vida como la de su esposa se basaban únicamente en las cosas materiales, y esas raíces son muy inseguras. Resumiendo: todo se desplomó sobre él y perdió el valor. La vida le atizaba un golpe tras otro, y eso fue casi más de lo que su espíritu mal preparado podía aceptar.

Entonces conoció a un ser extraordinario que poseía una gran reserva de paz y confianza. Este hombre estaba en una situación apenas distinta de la suya, pero ahí terminaba la similitud, pues él no estaba derrotado. Al contrario, vencía la adversidad con una perseverancia firme y con ataques constantes. Mi amigo advirtió que este hombre parecía sacar fuerzas de un manantial inagotable. Preguntó el secreto y la respuesta fue:

—Es el contacto con Dios.

—Pero yo siempre he creído en Dios —protestó mi amigo.

—Sí —le contestó el otro—, pero ¿te has entregado alguna vez, absoluta y totalmente, en sus manos?

Mi amigo se vio forzado a admitir que no, pero hizo de inmediato esa entrega personal, con el resultado de una transformación espiritual que incrementó sus energías físicas y mentales.

Recientemente me dijo algo interesante:

—Toda mi vida he estado más o menos "en contacto" con la religión, aunque siempre me pareció algo anticuado y aburrido. Es curioso, ahora resulta muy distinto . . . Pero una cosa sí es segura: cuando la integras en tu vida espiritualmente, cumple todo lo que promete.

El Dr. Blanton ha dicho que en el subconsciente van acumulándose, capa a capa, las influencias de la infancia que llegan a ser la base de nuestra naturaleza moral. La religión intenta gobernar los instintos e impulsos fundamentales saturando la mente con ideas espirituales hasta tal punto que el funcionamiento automático de la vida se lleve a cabo sobre una base de fuerza y de bondad. La religión nos enseña a permitir que sólo penetren en el subconsciente pensamientos buenos y hermosos por el hecho, obvio y demostrado hasta la saciedad, de que el subconsciente únicamente devolverá lo que primero se le ha dado. Si usted admite malos pensamientos con toda libertad, hallará en él motivaciones malas. Pero anime habitualmente los pensamientos de carácter elevado, y el subconsciente le devolverá inevitablemente actitudes y hechos de cualidad correspondiente.

Como señaló William James, las moléculas y células de nuestro cuerpo y cerebro almacenan día a día toda acción, emoción y pensamiento, a fin de utilizarlas ya en favor, ya en contra de nosotros, y automáticamente, en las crisis que han de llegar al fin y al cabo.

La Biblia expresa su conocimiento supremo de la naturaleza humana en esta frase: "El hombre es lo que piensa en su corazón". Esta es una de las verdades más profundas que se han establecido para guiar al hombre. La palabra "corazón" se utiliza aquí para describir la parte más profunda del pensamiento y el sentimiento del hombre, lo que el psiquiatra moderno denomina el "subconsciente". Es decir que, en el último análisis, el hombre es aquello que ha estado enviando siempre a su centro de control del pensamiento.

Las ideas o pensamientos que determinan en definitiva nuestro carácter y nuestros actos no son los que recibimos y examinamos en la mente consciente. No es "lo que el hombre piensa en su mente consciente" lo que constituye su personalidad. Esta es, digamos, únicamente una oficina de recepción donde los pensamientos buenos, malos o inocuos, se examinan y se aprueban o se rechazan. Si los pensamientos que rechazamos son malos, su presencia temporal en la mente consciente apenas ha hecho mal alguno. Si son buenos, poca oportunidad han tenido de lograr algún efecto. Pero esos pensamientos buenos o malos que sí son favorablemente aprobados y bien acogidos, llegan a ser eventualmente lo que uno "piensa en su corazón", y por eso pronto puede decirse: Así es ese hombre.

La gente acude a nosotros quejándose de que sufren de lo que ellos describen como "malos pensamientos". Pensamientos de odio, de inmoralidad, de deshonestidad, a veces incluso de asesinato. Se sienten turbados por la impresión de que ese pensamiento que cruzó por su mente los hace culpables de pecado. Y citan el pasaje bíblico: "El que mira a una mujer con lujuria, ya ha cometido adulterio con ella en su corazón".

Tanto el Dr. Blanton como yo hemos repetido en la clínica de la iglesia que ningún pecado se comete tan sólo porque la idea del mismo cruce la mente, mientras no se le acoja con gusto. Podría, quizás, expresarse de este modo gráfico: el pensamiento entra en una especie de antesala donde permanece hasta que la mente actúa como juez. Por sórdido o malvado que sea, aún no ha afectado a la personalidad con su infamia ni arrojado culpa alguna sobre el alma, al menos hasta que la mente, que lo juzga, lo admita y lo acoja gustosamente. Si la mente decide en su contra y lo rechaza, la personalidad no sólo no ha cometido culpa alguna, sino al contrario: mediante este repudio ha estimulado y reafirmado su fuerza moral. Nadie puede impedir que los pájaros vuelen sobre su cabeza, pero sí que aniden entre sus cabellos.

Un pensamiento que entra en la mente y que es examinado y rechazado por ella no deja mancha de culpabilidad; al contrario, aumenta y notablemente, su vigor espiritual.

No hay duda de que ésta era la opinión de Jesús puesto que, en el pasaje citado anteriormente, la frase "mirar a una mujer con lujuria" no implica un pensamiento impuro de pasada, sino un deseo definitivamente mantenido. La palabra "lujuria", que es la clave del párrafo citado implica una actitud premeditada y activa, lo que significa una idea acogida y entretenida con gusto.

En mi experiencia como pastor he conocido a mucha gente cuya vida era extraordinariamente desgraciada porque no sabían hacer esta distinción importante entre un mal pensamiento examinado y rechazado, y un mal pensamiento aceptado y mantenido.

La consideración de este problema, que afecta a tanta gente, deja bien claro que la mente consciente, moralmente discriminadora y firme, y en guardia contra el subconsciente, es algo profundamente esencial para una vida feliz y efectiva.

Lo que es recibido y aceptado por la mente consciente determina, en última instancia, la reacción automática del subconsciente, y puede resumirse como la personalidad. Antes de cada acto viene el pensamiento o, mejor dicho, toda una sucesión de pensamientos. Antes de que el ladrón realice el robo material, ha robado ya en su mente. Antes de realizar un acto inmoral, la mente ha cometido ya la ofensa. Si la idea de ese acto malo no ha sido nunca acogida con gusto por la mente, el acto jamás tendrá lugar. Todo se decide, no en el momento de la crisis y por el pensamiento racional y objetivo, sino por la resistencia, o falta de resistencia, que ofrece el subconsciente, resistencia que se ha visto reforzada o debilitada cada vez que la mente consciente rechazaba o aceptaba ese pensamiento.

Había en una pequeña ciudad cierta familia que llevaba ya tres generaciones al frente del banco local. Abuelo, padre e hijo habían ocupado sucesivamente el importante cargo de banqueros de la comunidad. La familia era tenida en la mayor estima y respeto. Llegó entonces la gran depresión y el hijo, ahora presidente del banco, sucumbió a la manía de la especulación que dominaba el país, sobrepasando su capacidad para cumplir con sus obligaciones. Necesitaba dinero.

Una noche, estando sólo en el banco, se le ocurrió la idea de falsificar los libros, pero la rechazó con decisión. Sin embargo, esa idea le acosaba una y otra vez. Nadie se enteraría nunca. Podría reembolsarlo todo con sus ganancias antes de que los inspectores del banco descubrieran el desfalco. La tentación era muy grande. Como se descubrió más tarde, ya en otras ocasiones había jugado a ese peligroso tira y afloja. Su resistencia interior se había debilitado.

El subconsciente solo podía devolverle lo que él le había dado y así, una noche, sus manos, aunque vacilantes, llegaron a realizar un acto que le envió a la penitenciaría y acabó para siempre con la tradición prolongada y honorable de una magnífica familia. "El hombre es lo que piensa en su corazón": eso sale a la luz en un momento u otro. La máscara cae del rostro un día. Y se descubre la verdad.

En el subconsciente están las energías que deciden nuestro éxito o fracaso, nuestra miseria o felicidad. Estas fuerzas, según su vigor, controlan la mente y actúan sobre nuestras decisiones. En el subconsciente yacen las energías ocultas que puedan derrotarnos si no las entendemos y utilizamos adecuadamente, pero que, bien utilizadas, aumentan nuestro poder. La religión dice que, cuando surgen esas energías ocultas bajo la influencia de Cristo como Maestro de la vida, se observan resultados notables en personas cuya vida, hasta ese momento, había sido vulgar o incluso vencida por la derrota.

Con la frase "ponerse bajo la influencia de Cristo" queremos decir aceptar como nuestro el modo de vida de Cristo. Más que eso: exige una actitud que llamamos experiencia espiritual. La palabra que realmente lo define es *conversión*. La entrega de uno mismo a Dios mediante un acto de fe, la disposición total a seguir la voluntad de Dios.

Esta experiencia espiritual penetra profundamente en la personalidad y ayuda a controlar el subconsciente, la fuerza vital interior, dominando los elementos destructivos y liberando las energías ocultas para producir una persona con sabiduría y poder.

Roland Hayes, célebre cantante negro, describe así una de sus experiencias:

—En uno de los conciertos que debía dar en Berlín en 1924, tuve una experiencia terrible. Los franceses ocupaban el Rin y patrullaban la zona con tropas negras, de modo que la indignación alemana crecía por momentos. Yo estaba en Praga. El cónsul americano recibió varias cartas de protesta contra mi actuación en Berlín, preguntando si un negro americano tenía que insultar el espíritu de Goethe, de Schiller y demás grandes escritores alemanes, entonando canciones de las plantaciones de algodón de América en la Sala Beethoven. El cónsul me aconsejó que no fuera a Berlín. Sin embargo, fui. La noche del concierto tomé un taxi cerrado y con mi acompañante, también negro, me dirigí a la Sala de Beethoven.

»Estaba abarrotada de gente, con cientos de personas de pie. A las ocho en punto salí al escenario con mi acompañante para ser acogido por un estallido de abucheos llenos de odio.

»Nunca había sufrido esta experiencia. Pero recordé mi misión. Hice entonces lo que he hecho siempre al principio de un concierto. Al salir a escena tengo la costumbre de recordarme a mí mismo que sólo soy un instrumento a través del cual se realiza mi misión. Quedé allí en pie, con las manos unidas ante el pecho orando, rezando porque Roland Hayes quedara borrado del cuadro y las gentes sentadas allí sintieran únicamente el espíritu de Dios fluyendo a través de la melodía y el ritmo. Que se olvidaran los prejuicios raciales y nacionales.

»Generalmente, y cuando lo hago con sinceridad, el público comprende lo que ocurre mientras yo estoy en comunión con el Padre. Pero aquél era el público más difícil al que me he enfrentado. Sin embargo, no tuve dudas en aquel momento. Me adelanté hasta el piano y seguí en pie, muy alta la cabeza, cerrados los ojos, dejando que el Espíritu hiciera su obra, y aguardando a que callaran las protestas. Dos minutos, tres, cuatro, cinco, diez minutos interminables, y el abucheo continuaba. Yo aguardaba en silencio. ¿Ocurriría al fin? Pasaron los diez minutos y los siseos y patadas se detuvieron bruscamente.

»Hablé a mi compañero sin dejar de mirar al público y le pedí que sacara de la carpeta la partidura de la obra "Tú eres la paz", de Schubert. Empieza suavemente, casi en un susurro. Mientras las notas claras de la canción flotaban sobre la multitud, el silencio se hizo en la sala. No fue una victoria personal. Fue la victoria de un poder mayor que yo, y que acabó con el odio del público*.

---

*William L. Stidger, *El lado humano de la grandeza,* Harper & Brothers, Nueva York.

CAPÍTULO 3

TEMOR, PREOCUPACIONES Y ANSIEDAD

Temor, preocupaciones y ansiedad

SMILEY BLANTON

Por la facilidad con que surgen los temores resulta sencillo creer que tienen alguna base orgánica. Pero es más exacto decir que provienen de un depósito que existe en la mente. En realidad, se cree que sólo hay presentes dos temores en el nacimiento: el miedo a caerse y el miedo a los ruidos fuertes.

Con frecuencia se afirma que el temor es destructivo. Sin embargo, esto no es del todo cierto. Cuando se siente temor ante aquello que amenaza realmente la seguridad, entonces es protector. Por fortuna, el hombre tiene una capacidad casi ilimitada para aprender del temor; de otro modo habría sucumbido hace tiempo. Un temor responsable del peligro que acecha nos permite tomar precauciones razonables en su contra. Sólo es destructivo si se le dirige de modo incorrecto. Entonces es como si un cazador de caza mayor, al oir el menor sonido, vaciara su arma al azar. Cuando estuviera desarmado, el peligro caería sobre él.

Pero nuestra civilización, y los métodos de educación infantil, han creado estados de ansiedad morbosa en todos nosotros. La ansiedad es un temor crónico. Todos los temores que se nos inculcaron en la infancia dominan nuestra vida emocional.

En realidad deberíamos temer los impulsos malvados y amorales que yacen en el nivel más profundo del subconsciente, junto a nuestros impulsos de amor y generosidad. Pero hay que comprender los impulsos y su efecto en nuestra conducta. Entonces la energía del impulso del temor, que es indeseable y que se revela en la destructividad, podría dirigirse y encaminarse al servicio, tanto del individuo, como de la sociedad. Los temores mal dirigidos pueden causar desórdenes de la vida emocional tan destructivos, que la víctima queda incapacitada.

Pero el temor es el temor, ya esté mal dirigido o no. Con frecuencia oimos decir: ‘‘Ella no tiene nada que temer; todo son imaginaciones suyas''. Lo cual es siempre una falsedad. Todos los temores son reales, ninguno es imaginario. En cambio, el objeto del temor sí es imaginario con frecuencia, y lo que hay que buscar siempre es su verdadera causa. Si ésta no se encuentra en el mundo objetivo, tal vez pueda hallarse en el nivel subconsciente de la mente, donde se almacenan todas las experiencias, donde perviven frescas y con toda la energía latente.

Tal vez un ejemplo de cómo el temor mal dirigido puede arruinar nuestra vida diaria ayude a aclarar este punto.

Una joven, a quien llamaremos Señorita X, pidió consejo al pastor porque sufría de una ansiedad agobiante acerca de la conducta de su hermano, que estaba divorciado pero que ya planeaba casarse de nuevo. Su iglesia no prohibía el matrimonio entre divorciados. Sin embargo, ella estaba convencida de que su hermano se condenaría si volvía a casarse. El pastor, dejando de lado al parecer el problema inmediato, le pidió:

—Hábleme de usted misma.

—Oh —respondió ella—. He tenido una vida muy agradable. Creo que mi padre era el hombre más maravilloso que he conocido en la vida. Y mi hermano también. He hecho algunas amistades casuales entre los hombres, pero jamás he conocido a ninguno que pudiera compararse con mi padre ni con mi hermano.

»Mi infancia fue muy dichosa —añadió—. Estudié luego en la universidad y ahora tengo un empleo magnífico. Trabajo con el director de una firma importante, que ha puesto mucha responsabilidad en mis manos. Soy muy feliz en mi trabajo, tengo el jefe más maravilloso del mundo.

Su rostro brillaba de gozo.

—Mi querida Señorita X —dijo el pastor—. ¿Se sentiría muy ofendida si hiciera una suposición bastante personal acerca de usted? La única razón es que deseo ayudarle.

—¡Oh, no! —exclamó ella— Diga cuanto crea que pueda ayudarme.

—Pues yo opino —siguió entonces el pastor— que usted está enamorada de su jefe y que ya le ha hablado él más de una vez de la posibilidad de divorciarse de su esposa. ¿No es cierto?

Entre lágrimas y rubor admitió que así era, pero añadió apasionadamente:

—Nunca seré la responsable del término de un matrimonio. Conozco a la esposa de mi jefe. Es una mujer encantadora. Y tiene dos niños preciosos. Jamás haré eso.

—Magnífico —dijo el pastor—. Mientras se enfrente el asunto con sinceridad, estoy seguro de que podremos hacer algo al respecto. Ahora bien, ¿comprende que la ansiedad por la conducta de su hermano era realmente ansiedad por la suya propia?

De su historia se deducía que ella había estado excesivamente unida a su padre. Esto no es nada extraordinario. En un libro espléndido, *La familia feliz,* del difunto Dr. John Levy y la Dra. Ruth Monroe, ambos cuentan la siguiente historia acerca de su propia hija. La niña habla y dice:

> —Papá, cuando crezca voy a ser una chica fea como mamá.
>
> Así rechazaba aquella niñita de cuatro años mi proposición de que se preparara para entrar en el coro de las Follies.
>
> —Y voy a tener cinco niños —continuó.
>
> —Estupendo —contesté muy satisfecho—. ¿Y quién va a ser el padre de tus bebés?
>
> —¡Vaya! Pues tú, pápa.*

El deseo de la niñita de seguir siendo amada siempre por su padre es una fase normal por la que pasan todos los niños normales. Pero, por alguna razón, el lazo es a veces tan íntimo que no se suelta a la edad normal. Y así la apurada Señorita X seguía estando tan profundamente unida al padre en su subconsciente que no era capaz de una relación amorosa normal con los hombres siendo ya adulta. Según el esquema de su subconsciente, estaba obligada a enamorarse de un hombre en posesión de cierta autoridad y que tuviera dos hijos, como su propio padre. Este esquema erróneo la mantenía tan unida a su jefe que incluso se había hablado de la posibilidad de casarse con él si éste se divorciaba de su esposa. Más aún, ella veía en este hombre nada ético el carácter y la ética de su padre, de moralidad profunda.

Como era incapaz de enfrentarse inconscientemente a la razón auténtica de su ansiedad, el subconsciente se había visto en la necesidad de inventar inconscientemente otra causa y transferir el sentimiento de ansiedad de ella misma a su hermano. Realmente no le preocupaba el hecho de que su hermano divorciado planeara casarse de nuevo; lo que le turbaba en verdad era sentirse tentada de casarse con su jefe, que representaba a su padre.

La ansiedad morbosa puede venir, pues causada por motivos

---

*Dr. John Levy y Dra. Ruth Monroe, *La familia feliz,* Alfred A. Knopf, Nueva York, 1938.

subconscientes, y transferirse a otra causa distinta de la auténtica. Que hubiera estado muy unida a su padre es, por supuesto, perfectamente natural y correcto. Pero, al permitir que esa unión dominara su vida adulta, se hacía daño a sí misma.

En esta joven la ansiedad se debía, al parecer, al conflicto entre sus deseos y su conciencia.

La "vocecita" de la conciencia no nace con el ser humano. Son los adultos que le rodean desde niño los que se la inculcan, consciente o inconscientemente. Y se desarrolla no sólo por lo que le dicen, sino por lo que él ve que los demás creen; por el precepto y por el ejemplo, podríamos decir.

Enseñar al ser humano a acomodarse a las demandas de la sociedad humana, es un proceso delicado. Hay que enseñarle que debe retirarse para realizar funciones puramente físicas. En la comida, por ejemplo, función altamente social en nuestra civilización, hay que adiestrarle en lo que llamamos buenos modales. Se dice que los tuaregs del norte de Africa juzgan vergonzoso comer en presencia de otro. En los países musulmanes todavía se considera falta de decoro que la mujer muestre su rostro en público. Estos tabúes nos parecen extraños; algunos de los nuestros resultan extraños para otros pueblos. Ahora bien, para el niño todos son irrazonables. Ha de aprender esa distinción tan delicada entre lo que está pemitido y lo que no debe hacerse. Pocos niños pasan en realidad por este adiestramiento sin desarrollar un sentido de vergüenza por las funciones en sí.

La educación social poco prudente o exagerada agobia en ocasiones al joven con una impresión de culpabilidad en absoluto justificada por la realidad. A su vez, es posible que se transmita a los hijos un énfasis demasiado exagerado en la supresión de ciertas conductas por otra parte inocentes. Al ir creciendo, el niño puede corregir esos extremismos, pues descubre que lo que él aprendió a juzgar vergonzoso en su período de educación en realidad no lo es. Pero, con frecuencia, y a pesar de esta corrección intelectual, *la impresión de culpabilidad permanece,* y la ansiedad engendrada por ella se une de modo ilógico a la conducta deseable, creando el caos en la vida adulta. La educación del niño en el hogar el algo informal, pero sigue siendo educación. Y puesto que influye tan profundamente en toda la vida adulta, debe considerarse no sólo una parte de su educación, sino la más importante.

En la educación infantil, una de las tareas más importante se refiere a la enseñanza de la naturaleza de la procreación y la actitud correcta hacia estos hechos. El padre prudente no sólo explica la unión conyugal en el momento más adecuado, sino que también mantiene hacia la misma una actitud que influye correctamente en el niño. El misterio de la unión conyugal y del nacimiento no deben unirse en la mente del niño con el recuerdo de unos padres sonrojados y apurados. Tal actitud, que surge de la falsa modestia, produce una impresión de desconfianza en la mente infantil. Y, con demasiada frecuencia, eso se traduce a una sensación de disgusto o asco.

El niño siente un ansia irrefrenable por conocer todo lo referente al sexo y al nacimiento. El que no consigue esta información de sus padres o profesores, la buscará en cualquier parte o, peor aún, reprimirá las preguntas acerca de todo ello como penosas y perversas.

Resulta claro, incluso para el observador más casual, que si se suprime en ese tiempo tal curiosidad que surge naturalmente en la mente consciente del niño, dándole con ello impresión de culpabilidad y de ansiedad, el daño ya está hecho. Se sabe que semejante actitud afecta toda la vida mental y emocional del individuo, con resultados más o menos desastrosos.

La curiosidad es un instrumento muy valioso para el niño. Hay que tener mucho cuidado para dirigirla, no suprimirla. Y esto es especialmente cierto en lo referente a la curiosidad sobre la procreación.

Se ha constatado que numerosos niños han fallado en su trabajo escolar debido a la supresión de sus primeras preguntas en esta dirección. El autor realizó una vez un estudio en Minneapolis, con un grupo de brillantes escolares de nivel superior que iban mal en los estudios, y descubrió que, en más de la mitad de los casos, la expresión de esta curiosidad natural y sana había sido bloqueada en su primera infancia.

Cuando una ansiedad morbosa va unida a esos temores objetivos, sólo puede haber problemas.

Pero volvamos al adulto. Los temores auténticos no suelen originar problemas graves: la pobreza, la guerra, la mala salud, la pérdida de un ser querido. . . no estorban realmente a su capacidad de reajuste. El hombre, como el apóstol San Pablo, tras haber hecho ya todo lo posible, se detiene. O bien se acomoda incluso a los trabajos más peligrosos o los deja. O bien reduce y asimila la ansiedad engendrada por ellos hasta el punto en que ya no le moleste, o evita la ansiedad abandonando el motivo.

En algunas circunstancias, como por ejemplo en la guerra, la tensión de la situación, por grande que sea, es asimilada por algunos como fatiga normal. Otros, que aportan una sobrecarga de ansiedad a esa situación, la encuentran tal vez intolerable y, como no pueden escapar a ella, sufren un colapso nervioso. Pero no es que estos sean menos valientes que aquellos. La sobrecarga inicial de ansiedad con que cada uno entra en batalla determina su capacidad de ajuste. La mayoría de los problemas mentales son un medio de escapar a la ansiedad morbosa de la tensión causada por el temor en el subconsciente.

Nos engañamos, sin embargo, al decir que los temores subjetivos carecen de base. Todas las preocupaciones, ansiedades o temores, tienen su razón de ser, ya en la mente consciente o en el subconsciente. En cierto sentido nunca pueden "rechazarse"; hay que asimilarlos y examinarlos.

La línea de demarcación entre un temor real y un temor del subconsciente suele ser muy fácil de ver en otra persona, pero muy difícil en nosotros mismos. ¡Todos nuestros temores no parecen siempre razonables! Lo cual es un truco del subconsciente. Con frecuencia, su principal función parece ser engañarnos y darnos ideas equivocadas. De ese modo nos protege de la comprensión de cuán primitivo, cruel, estúpido, amoral y en ocasiones salvaje, llega a ser nuestro nivel del subconsciente, y nos protege también del autoconocimiento penoso y necesario para eliminar estos rasgos. Nos es mucho más cómodo poder explicarlos de momento. ¡Pero no a la larga!

Un hombre de setenta y cinco años se hallaba enormemente preocupado por su situación. No podía pensar en otra cosa. Sus inversiones, que ascendían a varios cientos de miles de dólares, eran todas acciones muy seguras. Nadie hubiera podido arrebatarle sus tierras, todas a su nombre y cuidadosamente legalizadas. Tampoco podía perder su casa, una hermosa mansión que el sol bañaba a través de los árboles. Sin embargo, se estaba matando a fuerza de temer que la inflación, o un embargo de capital, o incluso una revolución, le privaran de su fortuna.

—Pero ¿por qué tienes tanto miedo? —le preguntaban.

—Porque temo verme pobre y sin recursos cuando sea viejo.

No parecía comprender que ya era viejo desde hacía tiempo. Tampoco se le hubiera hecho comprender que lo que él realmente temía era la muerte, aunque eso era lo que se hallaba implícito en todas sus argumentaciones.

Otro caso es el de una mujer de mediana edad que se hallaba obligada a cuidar de su padre, un hombre de ochenta años. El viejo era quejicoso, exigente y dominante. Aunque muy rico, se negaba a contratar una enfermera, insistiendo en que le cuidara su hija. Las enfermeras pagadas le ponían nervioso, decía. Se negaba a aceptar el hecho, tan obvio, de que su hija no podía tener así una vida propia.

Pero esta actitud no era realmente nueva para ella. Su padre la había dominado siempre. No sólo le había impedido tener una vida social propia, sino que también había sido la causa de que rompiera su compromiso con un joven al que amaba.

Esta mujer estaba agobiada por un ansiedad exagerada acerca de su padre. Le dominaba el pánico cuando estaba fuera de casa, y volvía corriendo a toda prisa para asegurarse de que él no había muerto. Finalmente, la ansiedad llegó a tal extremo que ya no podía salir de casa en ningún momento. No hace falta un gran conocimiento de la psicología para comprender la causa de su ansiedad: los impulsos primitivos de odio y antagonismo que sentía hacia su padre en el subconsciente y que reprimía con toda energía con su mente consciente.

Por supuesto es imposible sacar a ese tipo de personas de un estado crónico de ansiedad. Porque ésta es real, y el tratar de convencerles con palabras, y especialmente palabras de desaprobación, no les ayuda a verse libres del problema. Con frecuencia su actitud no sólo no es criticada, sino alabada como muy digna y muy noble. La impresión de vanidad, esa idea de: ¡cuán generoso soy! (un truco del subconsciente), les proteje del conocimiento de la futilidad de su propia conducta.

Pero la comprensión de esos deseos inconscientes, de esas ansias instintivas que yacen ocultas de nosotros y en lo más profundo de nuestro subconsciente, sí pueden hacerlas cambiar. Mediante el conocimiento y la autocomprensión pueden rechazarse y modificarse esas reacciones enfermizas.

Todo aquél que sufre de ansiedad excesiva debe aceptar en primer lugar el hecho de que la ansiedad desaparecerá sólo cuando se enfrente a ella, a nivel adulto, a nivel de la realidad. Pero para esto debemos conocernos. Es preciso que comprendamos los impulsos secretos que surgen del subconsciente.

Temor, preocupación y ansiedad
NORMAN VINCENT PEALE

Era una noche tormentosa, hace muchos años. El niño se despertó de pronto en medio de una pesadilla. ¿Dónde estaba? Una ráfaga de viento hizo temblar la ventana por la que la lluvia corría formando regueros. A ello siguió un trueno, que retumbó estruendosamente en el cielo. Las ramas de los árboles, salvajemente agitadas, eran formas grotescas ante el cristal.

—¡Mamá!— gritó aterrado. Saltó de la cama, sus piececitos volaron sobre el suelo alfombrado y pronto estuvo junto a la cama de su madre.

—Mamá —sollozó. Una mano suave le acarició la cabeza. Los brazos tiernos de su madre le rodearon.

—¿De qué tienes miedo, hijito? No temas, mamá está aquí. . . no hay nada que temer —y pronto le llevó a su cama, le ajustó las mantas en torno, le dio un beso de buenas noches y el niño se durmió al punto otra vez, y ahora profundamente.

Aquel niño, ahora un hombre, se despertó en medio de la noche de un sueño inquieto y turbado. Tenía muchas preocupaciones. Quedose mirando la oscuridad. Su mente agitada repasaba sus temores, una y otra y otra vez. Sombras —inseguridades vagas pero aterradoras— surgían de la noche. El mismo terror que sintiera de niño le dominaba ahora. Le hubiera gustado gritar pidiendo ayuda; sólo que ahora ya no podía acudir a su madre. Pero sí sabía de Alguien a quien volverse. Un versículo de la Biblia cruzó por su mente: "Como áquel a quien conforta su madre, Yo te confortaré".

De modo que el hombre habló así en medio de la noche: "¿Padre qué puedo hacer? Ayúdame". Y entre las sombras (o tal vez de lo más hondo de su alma, ¿qué importa?) le respondió una voz con palabras que oyera hacía mucho tiempo de unos labios amados: "¿De qué tienes miedo, hijo mío? Yo estoy aquí. No hay nada que temer''. Y así vino el gran consuelo a su mente.

¿Quién era el niño, quien era el hombre? Tal vez usted; tal vez yo mismo. Es muy posible que esta historia se repita, en parte al menos, en la vida de todos. Pero aquí se nos revela el gran secreto. ¿Por qué obtuvo valor el niño de su madre? La respuesta: porque la amaba y confiaba en ella. Tenía fe absoluta en sus cuidados tiernos y protectores. ''El amor perfecto borra el temor'', ya lo ven. ¿Por qué cobró valor el hombre y ya no tuvo miedo? De nuevo la respuesta: porque amaba a Dios y confiaba en Él. Tenía fe absoluta en su amor, tierno y protector. Otra vez ''el amor perfecto borra el temor''. Eso es lo que la religión verdadera puede hacer y hace por la gente.

La religión exige una confianza sencilla e infantil en la bondad de Dios y en su amor vigilante. Nos pide que digamos, según las palabras del hermoso Salmo veintitrés: ''No temo mal alguno porque Tú estas conmigo. Tu clava y Tu cayado son mi consuelo''. Y así empezamos a llegar a alguna parte en el arte de vivir, si abandonamos nuestros temores; alzamos la vista a Dios y le oimos decir como a nuestros padres cuando éramos niños: ''De qué tienes miedo? No hay nada que temer, hijo mio''.

En el mundo hay muchos hombres hoy en día que fracasan o no prosperan porque el libre funcionamiento de su capacidad intelectual y emocional está inhibido por ansiedad y el temor. Tomemos, por ejemplo, al hombre que va a su despacho por la mañana y se sienta ante una mesa llena de papeles.

Este hombre necesita echar mano de un equipo mental perfecto para resolver con efectividad todos los problemas que tiene delante. Pero se siente agobiado por la ansiedad y el temor. Está preocupado por la situación de la Bolsa, por si podrá pagar a sus empleados, o conservar el empleo. Le preocupa la situación mundial, o las condiciones de su país. Se preocupa por su familia, por si podrá cumplir los pagos de la casa. Se preocupa por el estado de su corazón, por la tensión arterial. O bien le preocupa que algún pecado que cometió se vuelva ahora contra él y, señalándole con un dedo aterrador, le arruine el negocio. Tendría que enfocar todas sus energías en un sólo punto, como el cristal que atrae todos los rayos del sol para producir un punto de calor. Pero sus energías están dispersas en una veintena de direcciones diferentes por todo el espectro de sus ansiedades, y así carece de la fuerza mental y emocional que requiere el éxito. La ansiedad, profundamente enterrada en el subconsciente, es la causa de que cada vez haya mayor número de fallos de eficacia en nuestra época.

—¿Qué es el valor? —preguntó recientemente un niño pequeño a su madre, añadiendo: —¿Es como cuando nuestro gato arquea el lomo y escupe porque tiene miedo?

La madre trató de discurrir el modo de aclararle el significado auténtico del valor a su hijo, pues creía, como dice el Dr. Blanton, que "la primera y la mejor lección que los padres pueden enseñar a sus hijos es el valor". De modo que se lo llevó a dar un largo paseo por el campo y finalmente llegaron a un punto en el que un incendio había destruido todo el bosque. En aquel claro, ennegrecido y asolado por el fuego, vieron una pequeña flor roja.

Señalando aquella florecita valiente y optimista, la madre dijo:

—Esto es valor, hijo mío: una florecita roja y frágil que sigue creciendo en una tierra asolada por el fuego.

Un buen símbolo del valor. Más pronto o más tarde, el fuego de la adversidad estallará en la vida de cada uno de nosotros, y en el terreno desolado que quede será difícil ver una esperanza; pero en esa hora hemos de plantar la flor del valor en una tierra barrida por el fuego. Esa flor del valor será el presagio de una vida restaurada.

¿Cuál es la cura para la ansiedad y el temor? ¿Cuántos tienen este tipo de valor? La mejor respuesta a esa pregunta no es un comentario mío, ni una sugerencia de los expertos, sino una declaración hallada en la Biblia y que dice: "No penseis en la vida, ni en qué comereis o bebereis; ni en vuestro cuerpo, qué vestiréis. . . Buscad el reino de Dios y su justicia, y todo lo demás se os dará por añadidura".

¿Qué significa esto? Pues que no hemos de preocuparnos por las necesidades de la vida, sino luchar por lograr paz interior y armonía mental, emocional y espiritual, desarrollando una personalidad organizada e integrada que nos ayude a enfrentarnos a la vida con tanta efectividad que todas esas cosas necesarias se nos darán, en realidad, "por añadidura". Esta admonición de la Biblia implica lo que también se declara directamente en otras muchas referencias de la Escritura: que la entrega habitual de nuestras preocupaciones a la bondad de Dios libera el poder en nuestra vida. Y con este poder logramos lo que de otra forma sería imposible.

El modo más útil de poner en práctica este consejo prudente

consiste en desarrollar el hábito de no hablar de nuestras ansiedades y preocupaciones. El ansioso crónico habla constantemente a todo el mundo de lo preocupado y aprensivo que está por tantas cosas. Hay que recordar que las palabras influyen mucho más en la emoción que el pensamiento. Un actor, por ejemplo, se convence a fuerza de palabras de las emociones que desea representar. Borre usted la ansiedad de su conversación y tenderá a desaparecer de su mente. Por otra parte, es aconsejable que acuda a hablar con alguien de conocimientos suficientes para ayudarle a librarse de sus preocupaciones.

Vaya al ministro, al sacerdote, al rabino o al psiquiatra, y desahóguese. Dígale todo cuanto haya en su corazón, incluidos los pecados auténticos o imaginarios, la impresión de culpabilidad que le acosa, y todo deseo reprimido. Esta confesión, este desahogo, hará que entre la luz en todos los rincones oscuros de su mente, borrará las sombras, traerá el alivio deseado y abrirá el camino a la curación completa de la enfermedad de la ansiedad.

La religión es el método práctico para resolver este problema. Hay muchos que no entienden las prácticas religiosas actuales; las consideran algo muy distante de la vida diaria. Así se pierden lo único que podría hacerles felices y útiles, hombres de éxito. Hace algún tiempo estaba yo en una comisaría de policía —una visita voluntaria— y, hablando con el sargento. un hombretón impresionante, le dije que acababa de dar una charla por radio sobre: "Cómo la religión puede vencer al nerviosismo". Quedó asombrado y comentó:

—Jamás oí decir que la religión tuviera algo que ver con los nervios. Yo creí que sólo se trataba de ir a la iglesia y actuar del modo más decente posible.

—Lea la Biblia —le contesté— y descubrirá que la religión es una medicina para toda enferemdad humana.

—Por supuesto que lo haré —aseguró—, porque si la religión es capaz de hacer lo que dice, habré de probarlo un poco.

Sí, hará todo lo que afirma por el hombre que en verdad lo intente.

¿Cómo alivia temores el hecho de volvernos a Dios con fe y confianza? En primer lugar, si un hombre pone su pensamiento en Dios, lo aparta de sí mismo. El temor siempre acompaña al pensar constantemente en uno mismo. La actitud egocentrista alimenta los temores, que van desarrollándose como los huevos que empolla la gallina clueca sin abandonarlos nunca. Nuestra mente se sienta sobre el nido de nuestros temores, reales o imaginarios, principalmente estos últimos, y pronto tenemos toda una nidada de nuevos temores que se desarrollan rápidamente. Hemos de dedicarnos a una mayor actividad física y a una introspección menor si queremos eliminar los temores de nuestra vida.

Los médicos dicen que el pensamiento abstracto, donde suele generarse el temor, surge de los centros superiores del cerebro; mientras que la actividad física, como el caminar, surge de los centros inferiores del cerebro. Los cirujanos han desarrollado una operación en la que extirpan partes del lóbulo frontal del cerebro, o centro superior del pensamiento, en un esfuerzo por acabar literalmente con la preocupación y el temor. Según los informes, al quitar una porción del cerebro superior, en ciertos casos cuidadosamente elegidos, el temor desaparece realmente. No sé nada de valor científico y práctico de tales operaciones, pero sería magnífico que pudiéramos ir a un doctor y, así como nos quitan las amígdalas, se nos eliminaran aquellas zonas del cerebro que producen el temor y la preocupación, tan destructores. Sin embargo, muchas personas sufrirían menos temores si utilizaran más los pies para caminar y menos el cerebro para la introspección; si se entregan a una actividad física digna de encomio.

Mary Ellen Chase dice:

> Para mi padre, el trabajo manual no sólo era bueno y decente por sí mismo, sino que, como él solía decir, "le enderezaba a uno los pensamientos", afirmación que desde entonces he comprobado en muchas ocasiones. En realidad, el mejor antídoto que conozco para una mente confusa, o para las emociones en conflicto, es el trabajo manual. Fregar el piso ha aliviado a más de un corazón destrozado, y lavar y planchar la ropa ha despejado y ordenado más de una mente perpleja y angustiada.(*)

Por esa razón un psicólogo famoso aconsejó con toda prudencia a un joven que corriera alrededor de su casa cada noche, hasta que se sintiera físicamente agotado, como el medio más efectivo de vencer sus temores.

Pero hay otras muchas cosas que pueden hacerse para vencer el temor sin tener que dar vueltas a la casa. Porque algunos de nosotros no podríamos hacerlo, aunque lo intentásemos: O bien tenemos hipertensión, o sufrimos del corazón. Y además, ¿qué pensarían los vecinos? Si usted echa a correr en torno a un edificio

---

*Mary Ellen Chase, *La buena amistad,* The Macmillan Co., Nueva York.

en Nueva York, lo más probable es que algún policía saliera corriendo detrás de usted, sospechando que había robado un banco.

El único método *seguro* para erradicar el temor de la mente es poner la vida en manos de Dios. Quiero decir que no hay que tratar de librarse del miedo por un proceso de esfuerzo y lucha, o por pura fuerza de voluntad. Eso sólo sirve para implantarlo con mayor firmeza en la mente. Entregar la vida a Dios significa dejar en sus manos todo temor, toda preocupación, incluso todo el futuro y con entera confianza. Entonces podemos evitar cualquier preocupación para el día de mañana, pues Dios conoce nuestras necesidades y cuidará de nosotros.

Por mi parte he descubierto la absoluta certeza de que, cuando pongo sinceramente mi vida en manos de Dios, y confío en que El cuidará de mí, así lo hace con amor. Este es uno de los secretos más valiosos del mundo, que da paz y fuerzas incalculables. Despréndase de todos sus temores. . . déselos a Dios. El no le abandonará. ¿Ha llevado usted alguna vez a un niño cansado en brazos? Entonces recordará la tranquilidad serena de su cuerpecito. El niño descasa en sus brazos totalmente libre de tensión. No siente temor alguno de que usted lo deje caer. Al advertir su confianza, usted todavía retiene el cuerpecito con mayor cuidado ya que no va a fallar a una confianza tan completa.

Si tiene lugar este tipo de amor entre un adulto y un niño cansado y dormido, ¿cuánto más profundamente acogerá Dios junto a su corazón al adulto cansado y agobiado por la noche oscura de esta vida?

Un corazón valiente y un espíritu resuelto constituyen una necesidad básica en esta vida. Samuel Johnson comprendía este hecho cuando dijo que el valor es la virtud principal: "A menos que el hombre posea esa virtud, no tiene la seguridad de conservar ninguna otra".

En una ocasión, hablé a los estudiantes de una universidad de Nueva Inglaterra, y despues me fui a cenar a casa de un viejo profesor muy sabio. Sentados junto al fuego, en una noche tormentosa, él me entregó un librito de J. M. Barrie diciendo:

—Lo necesitará con frecuencia. Que sea su compañero constante.

Tenía razón. Era el famoso ensayo de Barrie sobre *El valor,* y siempre lo he tenido a mano. Su filosofía profunda, escrita en un estilo inimitable, ha significado mucho para mí cuando creía perder el valor. En él, y entre otras muchas cosas, dice Barrie: "Pide valor al pedir el pan de cada día, pues el valor mantendrá tu corazón ligero y alegre, y uno *ha de vivir simpre* con el corazón ligero y alegre''.

Tener valor es el problema práctico al que se enfrentan todos los lectores de este volumen.

Una de las cosas más patéticas de la vida es ver a los humanos luchando contra la adversidad y tratando desesperadamente de hacer acopio de valor. También resulta inspirador, pues revelar el heroísmo magnífico del hombre medio. Cuanto más vemos a los hombres luchar con gallardía contra el desánimo y las dificultades, el dolor y el temor, más cuenta nos damos de lo grande que es el ser humano. Lo fundamental en esta vida es desarrollar el valor.

Muchos se pierden las mejores recompensas de la vida sencillamente por su incapacidad para desarrollarlo.

Repasando recientemente una antigua biblioteca, di con un libro ecrito por un sabio de una generación pasada. Se refería en él una historia que demostraba como la pérdida del valor ha sido el problema de todos los tiempos.

Hablaba de un hombre que había adquirido una mina de oro allá en el lejano oeste. Se hallaba emplazada en un punto solitario de las montañas. Cuando empezó a cavar buscando oro, encontró pruebas de que allí se había trabajado ya, pero hacía mucho tiempo. En el interior de la mina descubrió un viejo pico cubierto de orín y con el mango podrido, pero con la punta clavada firmemente en el suelo rocoso. Se puso a trabajar y, con gran sorpresa por su parte, a pocos metros de donde estaba el pico tropezó con una rica veta de oro. Comprendió que en todo aquello debía haber una tragedia y más tarde se enteró de la historia.

Años antes, un prospector había oido hablar de la posibilidad de hallar una rica veta en aquella localidad, de modo que hizo la debida reclamación de la mina y se puso a trabajar. Día tras día trabajaba con el pico, hasta que el dolor de la espalda se le hacía insoportable, pero jamás vislumbraba el oro. Poco a poco, el desaliento socavó su valor y terminó por acabar con su resolución. Por fin, un día, desesperado y con un sentimiento de frustración completa, clavó el pico con rabia en el suelo rocoso, reunió sus pertenencias y se fue. El paso de los años herrumbró el pico y pudrió el mango.

La tragedia de aquella pérdida de valor a sólo unos pasos del éxito no se reveló hasta muchos años más tarde, cuando el prospector de nuestra historia llegó y encontró a pocos metros la veta que habría sido de aquel primer hombre si hubiera logrado vencer el problema del desánimo. Afortunado, pues, aquél que, por muy desesperado que sea su estado, por poco prometedoras que sean las perspectivas, ve crecer todavía en su alma la flor roja del valor.

¿Cuál es el secreto de ese tipo de valor? Cuando falla el coraje, hay que llenar la mente y saturar la conciencia con la fe sencilla y confianza en Dios. Insisto en este procedimiento porque es la solución al problema del temor.

Hay una cita en la Biblia que todo hombre que ve amenazado su valor debería colgar en la pared de su dormitorio, donde pudiera leerlo cada mañana antes de partir para enfrentarse a la lucha diaria, y cada noche para que el subconsciente le dejara en paz. La frase importante a que me refiero dice: "En todas estas cosas seremos más que conquistadores mediante Aquel que nos amó".

No pretendo afirmar con esto que toda persona que pertenezca a iglesia, o que crea académicamente en Dios, posea la clase de fe que evita la pérdida del valor; pero sí aseguro que toda la gente que he conocido en mi vida que practicaba realmente la fe del Nuevo Testamento, siempre tuvieron un corazón firme. Jamás he visto derrotado al que cree y practica —e insisto en lo de la práctica— la fe sincera en Dios. Podría presentarles docenas de personas reales, jóvenes y viejos, de todos los campos de la vida, que, según su propia experiencia, descubrieron que podían ser más que conquistadores "a través de Aquel que nos amó".

La confianza le da a uno la capacidad tan deseada de enfrentarse a los problemas relajado en lugar de tenso. Una personalidad relajada supone realmente una prueba de fe y confianza. Cuando usted se acuesta por la noche, confía es su cama. Cree que le sostendrá. No se tiende rígidamente en el lecho, temiendo que de un momento a otro se derrumbe y le tire al suelo. Si así fuera, no dormiría mucho. Sabiendo que la cama es de confianza, usted alcanza la relajación total del cuerpo y pronto se queda dormido.

El hombre que cree absolutamente en Dios, en la bondad y providencia divinas, no se mantiene mental y espiritualmente rígido, temeroso de que vaya a ocurrirle algo en cualquier momento, sino que, al contrario, descansa con la confianza plena de que todas las cosas laboran unidas por el bien de los que creen en Dios. El resultado es que goza de paz mental y de serenidad en el fondo de su ser. No se deja dominar por el pánico ni el desánimo, pues sabe que Dios cuida de él.

Este estado mental, relajado y pacífico, le proporciona lucidez y posibilita el libre ejercicio de todas sus facultades. Así puede afrontar los problemas con toda su capacidad.

El hombre relajado es el hombre poderoso. La personalidad rígida y tensa se ve derrotada aun antes de empezar la batalla. Muchas personas se sienten abrumadas por la vida debido a esa rigidez. No tienen capacidad para el toma y daca de las circunstancias. No poseen en sus almas ese elemento que da animación y flexibilidad, y con el que se vencen las tormentas de la vida.

En una ocasión viajaba yo en un gran trasatlántico con el mar muy revuelto. Estaba en el puente, con el capitán. En aquel lugar de la cubierta superior, el punto más elevado sobre el agua, el balanceo del barco todavía se acentuaba más y, al inclinarse el navío, yo pensaba cada vez que no podría volver a enderezarse. Con gran regocijo por parte del capitán, me hallé de pronto apretando firmemente los pies contra la cubierta resbaladiza, en un intento instintivo de colaborar a que el barco recuperara la posición normal. Pero en cada ocasión, cuando parecía que el barco ya no podría enderezarse, volvía a su posición con la gracia de un pájaro y, como algo vivo, seguía adelante.

Le pedí al capitán que me explicara la flexibilidad de su barco, el principio por el cual la nave no giraba por completo y se hundía. Me dijo:

—Sin duda estará familiarizado con esos juguetes que tienen una base curva con un peso dentro. Tales juguetes no pueden volcarse porque, aunque se les dé un golpe muy fuerte, instantáneamente recuperan la posición anterior debido a la forma de la base y al peso. Un trasatlántico está constituido sobre el mismo principio, ya que tiene base curva y, bajo la línea de flotación, hay tanques que contienen miles de litros de combustible y de agua. Este sencillo principio mantiene el barco en pie.

Si llenamos nuestra alma con la gracia de Dios, introducimos en el barco de nuestra vida ese elemento que, cuando lleguen las tormentas, no sólo nos mantendrá a flote, sino que nos permitirá avanzar victoriosamente, con gracia y flexibilidad, a través de las tempestades del temor y la ansiedad.

CAPITULO 4

LA CONCIENCIA Y EL SENTIDO DE CULPABILIDAD

La conciencia y el sentido de culpabilidad

SMILEY BLANTON

La ansiedad, en su forma más simple, es normal tanto en los hombres como en los animales. En realidad es un medio para llegar a ajustarse a los del mismo grupo, así como para el control dentro de ese grupo. La ansiedad podría definirse, en parte, como una forma crónica y suavizada del temor.

El niño siente una tendencia natural a criticar su propia conducta, tendencia que aumenta gradualmente por la actitud crítica de sus padres hacia él y sus hábitos. Desde muy temprana edad, el niño sabe que debe hacer ciertas cosas que están "bien" y no otras que están "mal".

La tendencia autocrítica aumenta al ir quedando lejos la infancia, por una impresión de culpabilidad o autorreproche debida al deseo excesivamente fuerte de conservar la relación infantil con los padres, a pesar de haber dejado de ser niño. El salvaje australiano primitivo y el norteamericano civilizado tienen esto en común: en el rompimiento de esa relación paterno-filial que todos hemos de sufrir, la culpabilidad inconsciente se convierte en resentimiento, en antagonismo y, a veces, en odio. Niños de tres y cuatro años dicen con frecuencia a los padres, cuando ven esa relación amenazada por la disciplina: "¡Te odio!", "¡Vete!", "¡Ojalá te murieras!", frases que son manifestaciones exteriores de una ansiedad interior y que, a menos que estos impulsos sean cuidadosamente manipulados por los padres, llegan a reprimirse en el subconsciente y distorsionan toda la vida adulta. En las enfermedades emocionales agudas hallamos con frecuencia ejemplos clarísimos de lo que, en menor grado, ocurre entre la gente normal.

La señorita Elsie A. sentía de niña que su madre no le hacía el menor caso. Esta mujer, siempre agobiada de trabajo, estaba muy a menudo cansada e irritable. Por supuesto que quería a su hijita, pero le faltaba imaginación para salvar una situación difícil. El padre de Elsie, por otra parte, le prestaba muchísima atención. Se la cargaba sobre los hombros, se iba a pasear con ella por el bosque, se la llevaba a cazar y a pescar. Como resultado de esta actitud tan distinta, ella se aferró excesivamente a su padre. Tenía pocos compañeros de su propia edad, y no hacía amistades con facilidad en la escuela. En compensación, trabajaba intensamente en sus estudios, sacaba muy buenas notas en las clases, y al fin se graduó con honores en la escuela superior.

Continuó sus estudios de tipo técnico y, al cabo de unos años, obtuvo un trabajo magnífico. Tenía veinticinco años en ese momento, y siguió en su puesto durante veinticinco más. Transfirió a su jefe la actitud amorosa y de adoración que sentía hacia su padre, si bien jamás hubo nada entre ellos, aparte de la relación formal. En su cargo actuaba con tal perfección que llegó a ser indispensable. Trabajaba horas extras cuando era necesario y, con el tiempo, fue como si aquel negocio fuera cosa suya, tanto tiempo y energías le dedicaba.

Toda su vida estaba centrada en lo que, esencialmente, era la actitud de hija-padre hacia su jefe. Este le decía con frecuencia.

—Cuando haga testamento voy a incluirla a usted. Si mi negocio ha triunfado, se debe en parte a su comprensión y ayuda. Ha habido muchas ocasiones en las que no habría sabido qué hacer sin usted.

Pero el hombre murió de repente, sin hacer testamento. Pronto cambió el negocio de manos, y el nuevo presidente se trajo a sus propios ayudantes. Elsie se vio relegada a un puesto inferior, y al fin dimitió. Había ahorrado lo suficiente para seguir viviendo.

Tras la muerte de su jefe se vio asaltada por un complejo de culpabilidad, ya que criticaba a la Providencia por haber sido tan dura con ella. Empezó a sentir el deseo compulsivo de hablar en contra de Dios, pensando al mismo tiempo que todo ello eran blasfemias. El dilema se agudizó: ahora creía que no tenía perdón, ni esperanzas. Una persona siempre alegre, había dado paso a un ser solitario y amargado.

Toda su vida había vivido sobre una base emocional esencialmente infantil. Cuando era joven y estaba llena de energías, le resultaba bastante fácil ajustarse a las dificultades. Pero luego, con el transcurrir de los años, su energía fue disminuyendo. La muerte de su jefe y la llegada del nuevo presidente la hicieron incapaz de seguir adelante con sus débiles fuerzas emocionales y espirituales. Carecía virtualmente de amigos, no tenía más intereses que el jefe y el trabajo, y no utilizaba los talentos y cualidades con que empezara años antes. Su vida religiosa era puramente rutinaria.

No es de extrañar que al fin llegara a sentir una especie de odio por aquella relación interior —su inconsciente unión hija-padre— que le había impedido vivir de modo normal. Fue el "¡Te odio! ¡Te odio!" de los tres años, pero en términs adultos. Es decir, que mientras el resentimiento de un niño se proyecta sobre una persona real, de carne y hueso, el resentimiento de esta mujer se volcó contra el "padre imaginario" que se había creado en su subconsciente. Este "padre imaginario" incluía también a su jefe, quien además la había rechazado al fin. Y como Dios es un padre para el subconsciente, su resentimiento se volcó principalmente en ese objetivo supremo.

Algo semejante a la creación inconsciente de un "padre imaginario" por parte de Elsie A., como desahogo de su personalidad emocional, le ocurrió a Charles C., un niño tan unido a su madre que, al llegar a la vida adulta, convertía a cualquier mujer con la que llegaba a relacionarse en una especie de "madre imaginaria". Se casó dos veces, pero en ambos casos exigió un amor tan maternal y abrumador por parte de la esposa, que ninguna mujer hubiera podido aceptar semejantes requisitos.

Aunque Charles C. se mostraba crítico y rebelde si la esposa no le trataba con el mismo cuidado que a un niño, al mismo tiempo se desarrollaba en su interior una profunda impresión de culpabilidad al exigir esa relación madre-hijo. Comprendía vagamente que trataba de obligar a su esposa a que actuara como si fuera su madre. En tales casos, el individuo que sufre un impulso inconsciente tan infantil siente deseos de castigarse. Se le ha enseñado que es un error mantenerse en ese nivel infantil más allá de la infancia, y, por tanto, la conciencia le exige un castigo.

La capacidad de autocrítica es inherente al ser humano, y viene desarrollada por la actitud de los padres hacia el niño que crece. La distinción entre lo que se debe y lo que no se debe hacer se aprende pronto en la vida, pero las cosas que se denominan buenas o malas varían con el adiestramiento. La conciencia del niño se basa en la aceptación, no tanto de la actitud exterior de sus padres, como de lo que él siente que es la opinión que tienen acerca de él.

Cierta mujer se educó de niña en una familia perteneciente a una pequeña secta religiosa que se oponía a los vestidos alegres y las joyas. Incluso se les prohibía llevar el anillo de boda. Cuando esta mujer dejó su hogar, abandonó aquellas creencias y empezó a llevar ropas de colores alegres y joyas, pero admitió que jamás se ponía un lindo vestido o un collar —ni siquiera al cabo de más de veinte años— sin sentir ciertos remordimientos.

Hallamos otro ejemplo de esta conciencia "persistente" en el caso de un hombre educado en una familia escocesa, presbiterianos muy estrictos, entre los que la observancia del domingo prohibía incluso el guisar. Años más tarde me confió que, cuandoquiera que se sentara con sus amigos ante una comida especial de domingo, tenía la impresión de que, en cierto modo, estaba obrando mal.

Aunque estos ejemplos se refieren a temas más o menos superficiales, demuestran que la semilla que se planta en el niño crecerá irremediablemente en el adulto. La primera relación del niño con sus padres da origen a la conciencia infantil, y establece el esquema de sus reacciones en la vida adulta.

El niño encuentra la seguridad, el baluarte de su existencia, en el amor. Siente la necesidad abrumadora de ser querido. Pronto interpreta no sólo lo que le dicen, sino lo que implica la actitud de sus padres como gusto o disgusto, aprobación o crítica de su conducta. Así nace la conciencia. La adopción por parte del niño de la actitud de los padres, origina esta conciencia en embrión. La ansiedad del niño podría definirse como la forma primitiva de la conciencia.

Freud dijo: "La institución de la conciencia fue, en el fondo, la interpretación primero de la crítica de los padres, y subsiguientemente de la crítica de la sociedad".

En el proceso de integración en la sociedad, el niño desarrolla con frecuencia la impresión de que está obrando mal. La mayoría de nosotros estaremos de acuerdo en que es completamente innecesario darle al niño esa impresión de que obra mal con objeto de convertirle en un ser integrado en la sociedad. Sin embargo, apenas hay un niño que no adquiera esa impresión, y en su mayor parte, si no en todo, acerca de cosas que no tienen nada que ver con el pecado.

Se preguntó a un grupo de niños de jardín de infancia, de dos a cuatro años, qué les ocurriría si eran "malos". Todos ellos conocían perfectamente el significado de la palabra "malo".

A medida que pasa el tiempo, los comentarios, las censuras y las prohibiciones —en resumen, la actitud de los padres— se transforman en la mente del niño en leyes infalibles y fundamentales del bien y del mal, y, a menos que se dirija con prudencia el desarrollo de su conciencia, el resultado puede llevar a un grave conflicto. La conciencia del niño, que exige el castigo por cosas que realmente no son malas, consume tantas energías y crea tanta tensión como para originar una reacción que, en realidad, llega a volverse contra la sociedad. El alcoholismo, por ejemplo, puede venir determinado por la tensión insoportable del conflicto entre los impulsos normales y la conciencia mal dirigida de un niño que actúa como una barrera para ellos.

En el proceso del cultivo de la conciencia hay cuatro fases:

1. Un impulso primitivo de amor.
2. Una necesidad profunda de retener el amor de los padres y mostrarse obediente con ellos.
3. Una síntesis del impulso infantil por la autocrítica unido a las críticas de los padres.
4. La modificación de todos esos sentimientos por el contacto con la vida.

El Dr. Thomas R. fue educado en una familia profundamente religiosa. Su padre era un hombre amable, casi un santo. Cuando el joven se fue a la universidad y estudió la carrera de medicina, empezó a sentirse más y más crítico con respecto a la fe religiosa de su padre, y al fin la rechazó del todo. Pero su fe de la infancia no podía olvidarse con tanta facilidad. En la cima de su carrera profesional, comenzó a sufrir de ansiedad morbosa acerca de su trabajo. Enseñaba entonces en una facultad de medicina, y sus remordimientos se transformaron en una sensación de culpabilidad hacia el cirujano jefe. Estaba convencido de que no cumplía con su deber hacia él. Esta ansiedad morbosa llegó a tal extremo que le obligaba a volver a la sala de enfermos varias veces durante la noche, para comprobar que no se había descuidado nada. Hasta tal punto aumentó su perturbación, que interfirió gravemente con su trabajo y amenazó con arruinar su salud.

El análisis de su ansiedad demostró que lo que le preocupaba no era su deber para con el jefe, sino fallar y no estar a la altura de los ideales de su padre.

Nos dicen muchas cosas cuando somos niños —especialmente sobre ciertos aspectos del "bien" y del "mal"— que, al convertirnos en seres adultos que razonan, rechazamos o al menos modificamos a la luz de la experiencia en el mundo de la realidad, distinto del mundo infantil. Así crecemos y nos desarrollamos. En realidad, y por supuesto, la voz de la conciencia jamás puede ser acallada. El que intente hacerlo con toda firmeza acaba por realizar actos antisociales, en un esfuerzo por escapar a su propio dictado interior. Shakespeare lo demostró en el personaje de Macbeth que, habiendo desoído en una ocasión a su conciencia y cometido un crimen, tuvo que seguir adelante con toda una serie de asesinatos.

La mente es una progresión normal, que va desde la imagen paterna y dominante de la infancia hasta el conocimiento de Dios como un Padre omnipresente, todopoderoso y universal que nos vigila, nos guarda del mal y también castiga las transgresiones. La religión y la psiquiatría están de acuerdo en esto.

Hay un precepto inherente a toda enseñanza religiosa: cualquiera que trate de mejorar su vida encuentra, indudablemente, el modo de hacerlo. Las exigencias son: primero, tener la convicción del pecado, o de haber obrado mal; segundo, sentir arrepentimiento, o sea, deseo de llevar una vida mejor; tercero, tener el propósito de restituir a aquél a quien se ha perjudicado; y cuarto, sentir la necesidad de expiar el daño hecho mediante un castigo que, de una u otra forma, se autoinflige uno mismo. Finalmente, la persona normal llega al punto en que se siente perdonado, y entonces es capaz de empezar en la vida de nuevo. Sin duda nadie puede vivir con la carga, cada vez más abrumadora, de una conciencia que le reprocha algo.

Stevenson lo expresó de este modo: "Día tras día hemos de hojear esos informes, casi siempre monótonos, de nuestras debilidades y locuras". En algunas personas, el arrepentimiento y la plegaria evitan que esos informes sean "casi siempre monótonos". En otras, sin embargo, los impulsos o deseos inconscientes violan su conciencia infantil, hasta el extremo de que nunca son capaces de sentirse totalmente perdonados.

Ciertas condiciones hacen difícil, y con frecuencia imposible, el llegar a una solución pacífica de esa impresión de culpabilidad. Tal vez el razonamiento adulto, la conciencia adulta, estén de acuerdo con esa tesis lógica de que el arrepentimiento y la resolución han sido adecuadas, pero la conciencia subconsciente infantil aún la rechaza.

"Cuando has deseado hacer algo, entonces ya lo has hecho", dice el subconsciente. Y por eso muchas personas no creen en el perdón de un crimen que sólo fue deseado y, en consecuencia, imaginario. Se sienten impulsados a repasar una y otra vez el proceso de examinarse del pecado, de arrepentirse, de decidirse a cambiar de vida, de hacer una restitución (real o psicológica), de expiarlo (castigándose con frecuencia a sí mismos) y luego, en vez de disfrutar de la sensación de paz y liberarse de la ansiedad, empiezan otra vez. Algunos llegan incluso al extremo, en su necesidad de castigarse, de cometer realmente malas acciones, *a fin de tener esta excusa objetiva* para el sentido de culpabilidad, a la cual no pueden asignar un motivo en concreto.

El Dr. William Healy, que tanto hizo en favor de los niños inadaptados en los tribunales de menores de Boston y Chicago, observó que los niños con el instinto sexual reprimido se dedican con frecuencia a una mala acción objetiva, el robo por ejemplo, a fin de verse castigados por su "pecado" secreto. Comprenden y aceptan el castigo por el robo, pero la exigencia de castigo por la impresión íntima de culpabilidad es más de lo que pueden soportar.

La incapacidad de obtener el perdón deseado por los impulsos del subconsciente da como resultado, en ocasiones, los estados mentales morbosos. Gentes virtuosas y amables se sienten dominadas a veces por una impresión de culpabilidad que no consiguen vencer o rechazar. Necesitan aprender el funcionamiento del subconsciente donde se desarrolla esa sensación morbosa de culpabilidad que les hace tan desgraciados. Sin esa comprensión, la religión no puede ayudarles en algunos casos.

La conciencia y el sentido de culpabilidad
NORMAN VINCENT PEALE

"Un hombre puede soportarlo casi todo mientras sea capaz de soportarse a sí mismo", declaró el famoso escritor Axel Munthe. "Puede vivir sin esperanza, sin libros, sin amigos, sin música, mientras pueda escuchar sus propios pensamientos.

Tan cierto es esto que lo más prudente, lo que más necesita cultivar el hombre a toda costa es una personalidad con la que pueda vivir en paz y felicidad. Debe examinar su conciencia y erradicar la impresión de culpabilidad.

Una cosa es segura: tanto si le gusta como si no, usted ha de vivir consigo mismo. Goethe dijo una vez: "Querido hermano, no olvidemos que el hombre jamás puede alejarse de sí mismo".

Lord Byron, cuando huía de Inglaterra con el corazón destrozado, preguntó: "Y ¿dónde lograré exiliarme de mí mismo?".

En realidad, el hombre puede huir de los demás, de las escenas familiares y de las obligaciones de la vida, incluso puede recluirse en un lugar ignorado de la tierra, puede dar la espalda a los convencionalismos sociales, a su educación y sus creencias, pero de sí mismo no hay escape. En un periódico leí la historia de un joven que intentaba huir tras haber hecho algo grave. Recorrió el mundo entero y al fin exclamó patéticamente: "Vaya donde vaya, seguiré siendo yo mismo, y yo mismo soy el castigo por el mal que hice".

Esta es una de las verdades infalibles de la vida: usted ha de vivir con lo que realmente es. Tal vez a algunos le parezca esto un cielo; a otros se les antoja literalmente el infierno. Quizás para algunos sea una delicia; para otros es un aburrimiento insoportable. En algunos hombres la felicidad y la dicha surgen de su corazón. Son seres vivos y vibrantes, con el puro gozo de vivir. Para ellos la vida es una aventura siempre nueva. Cada mañana significa otro principio más, cada noche la profunda satisfacción de un día vivido plenamente. Tales seres encuentran constantemente en sí mismos riquezas sin explotar, nuevos manantiales de felicidad. Es un gozo vivir con una persona así.

Pero hay otros que son todo lo contrario. Tienen una personalidad dividida y en conflicto. En ellos late un espíritu destructor y contencioso. Casi siempre están enemistados consigo mismos. Son como uno de los personajes de una novela moderna que el autor describía así: "No era una personalidad, era una guerra civil", ya que su carácter deseaba el bien pero con demasiada frecuencia se dejaba tentar por el mal. Poseen una personalidad acosada por el remordimiento y la impresión de culpabilidad acerca de errores pasados. Una personalidad horriblemente consciente de sí misma porque sólo en sí misma piensa. Vivir con una personalidad así es un infierno. Y no hay escape; no hay huida. Tenemos que vivir con lo que somos.

A la luz de este hecho, grave e ineludible, resulta evidente que lo más importante es desarrollar un ego con el que seamos capaces de vivir de modo satisfactorio. Puesto que, nos guste o no, hemos de vivir con nosotros mismos, deseamos profundamente ser una compañía agradable. Porque queremos disfrutar de la personalidad con que nos toca vivir.

Cuando mi hija Margaret tenía unos cinco años, me despertó una mañana el sonido de su voz infantil en el cuartito de los niños, junto a mi dormitorio. Eran como las seis de la mañana y yo escuchaba toda una conversación intercalada por estallidos de risa.

Entré allí e interrumpí el monólogo diciendo:

—Margaret ¡vaya una hora para que estés ahí hablando en voz alta y solita! Molestas a todos los que tratan de dormir en casa. Además —continúe—, me parece bastante tonto que estés charlando sólo para tí y riéndote de tus propias observaciones.

—Vamos, papá —replicó ella, con ese tono con que los niños saben poner a los padres en su sitio desde tiempo inmemorial—, es que tú no lo entiendes. Me lo estoy pasando maravillosamente conmigo misma.

A menudo he reflexionado sobre esta declaración. Creo que describe bastante bien un factor fundamental para una vida de éxito.

Debemos recordar que el cultivo de nuestra personalidad es algo en lo que siempre estamos trabajando. No nacemos con un ego completo. La naturaleza nos dota sólo del núcleo, únicamente con el potencial.

El alma se va manifestando al desarrollarse. Continuamente estamos mejorando o destrozando la personalidad con que nacimos.

A lo largo de los años, cada pensamiento, cada emoción, cada experiencia, contribuye a la cualidad de nuestro carácter. Por viejos que seamos, por establecidos que nos hallemos en la vida, nuestra personalidad se sigue desarrollando. Seguimos un proceso continuo de creación del propio ego, con el que hemos de vivir. Todo contribuye a su engrandecimiento, o a su pequeñez. Recuerden aquella acertada observación de Tennyson: "Yo soy parte de todo aquello que he conocido". Del mismo modo, todo lo que hemos conocido es parte de nosotros.

Winifred Rhodes, el gran escritor, lo expresó con esta frase: "La mejor consecución de esta vida es la remodelación continua de la personalidad, de modo que al fin uno sabe *cómo* debe vivir". Este proceso de autodesarrollo se expresa en observaciones corrientes como: "¡Cuánto ha madurado!" "Ya no es el hombre que solía ser". Observaciones que revelan el hecho de que estamos cambiando constantemente, ya sea para mejor o para peor.

¿Qué hacer para desarrollar una personalidad con la que vivir felizmente, un ego libre del dominio de una conciencia dañada y del sentido de culpabilidad? Podríamos extendernos en muchas teorías y especulaciones al llegar a este punto, pero el método más efectivo será analizar una muestra real en el laboratorio de la vida. Tomemos a un hombre que tenía grandes dificultades para vivir consigo mismo, pero que resolvió el problema con tanta efectividad que se transformó en pensador, filósofo y líder de la iglesia cristiana: el Apóstol San Pablo. Según confesión propia, él sufría un agudo conflicto y división interior. En una ocasión gritó: "¡Cuán desgraciado soy! ¿Quién me librará de este cuerpo de muerte?".

Descripción muy gráfica de su conflicto interior. Evidentemente tenía problemas también acerca de sus buenas intenciones, pues se quejaba de que "el bien que quiero hacer no hago; y el mal que no quiero hacer, eso hago". Pero venció en la lucha consigo mismo, y al final de una vida heroica, grande en consecuciones aunque sobrecargada de dolor, de naufragios, lapidaciones, azotes y prisión que acabó en martirio, pudo decir: "He librado una dura batalla, he terminado la carrera, he conservado la fe". El hombre que dijo esto estaba en paz consigo mismo, había desarrollado una personalidad con la que podía vivir con profundo contento interior.

¿Y cuál era su secreto? Se expresa en estas palabras, sin las cuales no es posible comprender una vida tan grandiosa: "Vivo yo, mas no yo; es Cristo quien vive en mí''. Es decir, que su vida estaba centrada ya no en su personalidad dividida y conflictiva, sino en Cristo, en quien no hay división ni conflictos. Cristo se convirtió en el centro en torno al cual se organizó esta personalidad, y así acabó toda división en la personalidad de Pablo y él se transformó en una personalidad con la que podía vivir feliz.

¿Qué ocurrió en la vida de Pablo para lograr esa transformación que podría aplicarse a cualquier vida, la de usted, la mía? El secreto es muy sencillo. Se convirtió en un hombre religioso, es decir, puso su vida en manos de Dios. Trató de vivir según el ideal supremo enseñado por Cristo. Jamás se apartó desde aquel momento de lo que él sabía que estaba bien. Halló en la religión la clave para una relación agradable consigo mismo. Descubrió que, si vivía según los principios y espíritu de Cristo, tendría paz mental porque sólo habría luz en su mente.

Los psiquiatras dicen ahora lo que los pastores han dicho siempre: que una mente limpia, libre de mal o cuyos pecados han sido perdonados, es esencial para la organización armoniosa de la personalidad del hombre. Marco Aurelio, uno de los hombres más sabios del mundo, demostró haber comprendido esta verdad cuando dijo: ''Lo único por lo que vale la pena vivir es para mantener el alma pura, ya que una mente sana es la contribución de Cristo a los hombres. La fe en El elimina esa impresión de culpabilidad que interfiere con una mente sana''.

Un hombre que vino a verme un día me preguntó si, como pastor moderno, todavía creía yo en las antiguas ideas victorianas de la religión. Me preguntó si la religión se había emancipado hasta el punto de admitir que estaba equivocada acerca de las ''antiguas prohibiciones morales'', según lo definió. Yo le dije que la iglesia seguía creyendo que el pecado es el pecado, y que una de las verdades más ciertas que se han dicho jamás es que ''el precio del pecado es la muerte''. A lo cual él inició una diatriba contra la iglesia en general y los pastores en particular. Me dijo que él había dejado de lado ''todas aquellas creencias'', y que se sentía perfectamente feliz. Volvió al menos una docena de veces en los días siguientes, y reiteró con vehemencia su afirmación de que había vivido feliz desde que rechazara de plano los viejos tabúes morales.

Fácil resultaba ver que, lejos de ser feliz, le dominaba una profunda tristeza mental. Al condenar violentamente a la iglesia y sus pastores, y declarar que había rechazado la fe, sólo trataba patéticamente de justificar sus pecados. En realidad se condenaba a sí mismo. Yo seguía sentado, mirándole y reflexionando sobre la profunda infelicidad que puede dominar a un hombre merced a una vida de pecado. ¡Qué confusión había en su mente! ¡Qué presiones angustiaban su alma! Pensé en la frase tan adecuada de Morley cuando describe el pecado como "la terrible carga que abruma el alma". Creo que si hubiera podido decir al hombre en aquel momento: "Deje aquí su personalidad y márchese sin ella", me habría ganado su eterna gratitud. Pero nadie podía hacer eso por él, ni siquiera él mismo. Había desarrollado cierto tipo de personalidad y tenía que vivir con ella. Ciertamente no había felicidad para él.

Lo que sí podía hacer, como pastor de la religión cristiana, era ayudarle a transformar aquella personalidad definida en otra con la que lograra vivir feliz. Cité estas palabras de la Biblia, palabras con las que San Pablo expresaba lo que él había descubierto por propia experiencia: "Si el hombre está con Cristo, es una criatura nueva; lo antiguo ya se ha olvidado y todas las cosas se hacen nuevas".

Me escuchó y luego le oí hablar como para sí, reflexivamente:

—Lo antiguo ya se ha olvidado . . .

—Eso sería maravilloso, ¿no? —pregunté.

El asintió y confesó con ansia:

—No tenía ni idea.

Resumiendo: este hombre del siglo XX hizo lo mismo que Pablo en el siglo I. Se convirtió, aceptando a Cristo en su propia vida. Si vieran cuan feliz es hoy comprenderían que, cuando afirmó que Cristo tiene el poder de transformar el peor tipo de personalidad en otra gloriosa, he dicho la verdad personal más importante que sea posible pronunciar.

Con objeto de controlar la conciencia y vernos libres del peso impuesto por la impresión de culpabilidad, debemos practicar el bien. Pero, antes de que podamos practicarlo, hay que saber claramente lo que es.

Como clérigo, me han pedido con frecuencia que explique cuál es el significado de los conceptos "bien" y "mal". ¿Qué es el bien y qué es el mal? Desde luego hay mucho desconcierto acerca de este punto, lo cual supone un cambio de épocas pasadas. Mientras nuestros padres reconocían claramente la frontera entre el bien y el mal, a nosotros aquella línea nítida nos parece sumamente confusa. Se diría que la mente contemporánea encuentra muchas dificultades para distinguir el bien del mal. Existe un área gris muy amplia de inseguridad, en la que el negro y el blanco se mezclan de modo extraño. La nuestra es una época de confusión moral. Estamos en una de esas coyunturas cínicas de la historia, en la que el hombre ha descubierto la cuasi bondad de muchas cosas que están mal, y la cuasi maldad de muchas cosas que está bien. Por supuesto, la persona bien orientada en la vida espiritual no tiene este problema, pero, como la sabiduría espiritual no es precisamente del dominio público, la cuestión de lo que está bien y lo que está mal necesita ciertas aclaraciones.

Es un signo esperanzador que exista el deseo creciente, sobre todo por parte de la juventud (que es fundamentalmente decente y sincera), de una base más segura de moralidad, que encaje en nuestra generación con la misma efectividad con que el código de nuestros padres encajaba en su tiempo. ¿Sigue siendo válido aquel código, o necesita una revisión?

En vista de este deseo creciente, hemos de hacer algo más que decirle simplemente a los hombres que sean buenos. Hay que iluminarles acerca de lo que es el bien. Hay que enseñarles a distinguir claramente entre el bien y el mal, evitando así que caigan en un compromiso moral que es el responsable de la impresión de culpabilidad que nubla la felicidad de tantas personas hoy en día. Hay que demostrarles que, aparte de las superficialidades establecidas por algunos, como conceptos religiosos, existe una moralidad inmutable y eterna. Los requisitos de la sociedad afectan nuestra moral. Por ejemplo: el mayor crimen en el viejo oeste era robar caballos, debido a que la vida de un hombre dependía con frecuencia del caballo. Sin él, y en aquellas amplias llanuras, estaba a merced de los indios, de las estampidas de búfalos, del hambre y demás penalidades. En una civilización industrial, y con abundancia de medios de transporte, el robo de un coche es una ofensa moral mucho menor que las condiciones de trabajo inadecuadas para los obreros, o una manipulación de la bolsa con la que quedan arruinados miles de pequeños inversores.

Sin embargo, en cualquier sociedad, y sean cuales sean las circunstancias, sigue habiendo principios morales básicos que surgen, no de los requisitos efímeros de la sociedad, sino de la experiencia inmemorial de la humanidad. Como dice James Russell:

> En vano despreciamos las ideas antiguas
> y acomodamos nuestra conciencia a lo que nos conviene.
> Los Diez mandamientos no cambian;
> y el robo sigue siendo robo.

También debemos comprender que no sólo es posible vivir bien, sino que en realidad nos es conveniente. Y hay que recalcar con gran énfasis que la impresión de culpabilidad, ya sea adquirida por una moralidad efímera o por el verdadero arrepentimiento de pecados auténticos, puede eliminarse por completo. El hombre debe *saber* que puede mirar de frente a su pecado y acabar para siempre con él. Ha de saberse perdonado, y entonces podrá seguir adelante en la vida con el corazón libre de carga.

Una mujer de mediana edad vino a pedirme consejo sobre un asunto doméstico y trivial. Mientras hablábamos, quedó claro que se sentía profundamente desgraciada, y que su tristeza obedecía a alguna causa más profunda que aquel asunto doméstico y trivial. Tras algunas charlas, y con aire profundamente avergonzado y abatido, me confesó que tenía un pecado muy grave sobre su conciencia. Ese pecado era un foco de infección en su mente.

Después de observar muchos casos semejantes hemos llegado a la comprensión de que el pecado es algo más que un concepto teológico. Considerarlo como una infección mental se acerca mucho más a la verdad. El dolor nos hiere, pero es una herida limpia y que se cura de modo normal. El pecado, en cambio, es como un trozo de metralla sucia recibido en la batalla. El cuerpo del soldado puede recibir una herida así y llegar ésta a curarse si la carne que la rodea está sana; pero un fragmento de metralla sucia es un foco de infección que no dejará de causar molestias hasta que se lo extirpe. Cuando el hombre comete un pecado, su mente intenta justificarlo y hallarlo lógico, es decir aislarlo; pero en vano. Al ir hundiéndose más y más el pecado en la mente, la infección se extiende. En ocasiones, el resultado es un trastorno nervioso al cabo de veinte o cuarenta años. Pero también puede sobrevenir mucho antes, si se ha perdido todo gusto por la vida porque la infección ha atacado el centro espiritual, lo mismo que una infección física ataca los tejidos del cuerpo.

La mujer antes mencionada me confesó su pecado en mi papel de pastor religioso, pues tanto ella como yo estábamos convencidos de que yo actuaba en lugar de Dios. Un pecado, por supuesto, puede confesarse directamente a Dios mediante la plegaria y la fe, pero la experiencia ha demostrado que es más efectivo confesar un pecado a Dios a través de otra persona comprensiva y digna de confianza.

Yo recé con ella, pidiendo a Dios que recibiera su confesión y la perdonara. También ella pidió perdón. Entonces la dominó una impresión de paz, causada en parte por el alivio de haber librado a su mente de aquel pecado; pero fue algo incluso más profundo. Cristo lo explicó así: "Mi paz os doy; no como la da el mundo os la doy Yo". Y era la paz de Dios, el gozo profundo del perdón divino, lo que experimentaba aquella mujer.

Incluso entonces apenas podía creerlo. Había cargado con su pecado durante tanto tiempo que le era difícil aceptar el alivio. Quizá su impresión de culpabilidad había pesado tanto sobre ella que le resultaba inconcebible su desaparición. ¡Verse *libre* de ella le parecía demasiado cierto para ser verdad! De modo que cargó de nuevo con su culpabilidad. Dios la había perdonado, pero ella no podía perdonarse. Sólo después de muchas consultas y plegarias llegó al punto en que pudo mirar aquel pecado ya perdonado y decirle: "He terminado contigo de una vez por todas".

Cuando esto sucedió al fin, un día me comentó:

—Ahora ya puedo cantar de nuevo.

Y entonces recordé nuestras primeras charlas, cuando me contaba que antes rebosaba de tal modo de gozo de vivir que siempre estaba cantando, pero que últimamente era incapaz de hacerlo. ¿Cómo hubiera podido cantar con aquel peso en el corazón?

Sí, ahora podía cantar de nuevo porque yo había insistido en que debía olvidarse de su pecado y porque al fin ella me había creido. He visto cómo la verdadera religión hacía esto mismo incontables veces: les da a todos ganas de cantar de nuevo al librarles de la más pesada de todas las cargas del alma, la impresión de culpabilidad.

Entre los métodos para decidir si un acto es bueno o malo tenemos nuestro propio sentido de la discriminación moral. Porque todos poseemos el instinto de lo que está bien, aunque no nos lo hayan dicho. Jesús dijo: "¿Por qué no juzgais por vosotros mismos lo que está bien?". Y San Pablo añadió: "El que es espiritual, juzga todas las cosas", es decir, la persona espiritualmente sensible no se siente confusa, sino que juzga con exactitud. Una vez tras otra los hombres preguntaban a Jesús: "¿Qué hago?". Y El les constestaba con otra pregunta: "¿Qué crees tú que debes hacer?".

Hay una "luz verdadera que ilumina a todo hombre". Si el hombre es perfectamente sincero, sabrá por una luz interior lo que está bien y lo que está mal. Un hombre vino a verme y me preguntó si, en ciertas circunstancias —que no podía controlar—, lo que se llamaba inmoralidad no podría estar bien. Habló en favor de ello, y luego me pidió mi opinión.

Yo le dije:

—¿Usted qué cree?

Tras una larga pausa, respondió:

—Tiene razón.

Un político asociado a gente nada recomendable, vino a verme un día y, con gran vehemencia y muchos nervios, defendió a ciertos hombres cuyos sobornos eran famosos. Hablaba tan alto que me recordó la frase sútil de Emerson: "Cuanto más alto hablaba de su honor, más aprisa contábamos nosotros las cucharillas". En efecto, el tono elevado de su voz era el esfuerzo por ahogar la de su conciencia, de modo que no me sorprendió ver su nombre más tarde en las listas de aquellos cuyas malas acciones se habían descubierto.

En parte, este conocimiento instintivo del bien y del mal es el resultado de siglos de enseñanzas cristianas. El Dr. Albert Schweitzer, que pasó años en el Africa tropical trabajando como médico, nos enseñó que el negro salvaje también manifiesta una respuesta instintiva al bien. Parece reconocer de inmediato el bien en cuanto lo ve, lo que indica que es una reacción básica más que una herencia ética de las costumbres impuestas por la religión. En realidad, la religión puede considerarse como la declaración formal del bien instintivo en la naturaleza humana, que le es tan natural como el hambre.

Quizás Mark Twain, en *Huckleberry Finn,* dijo una verdad profunda al afirmar: "El sentido moral tal vez ocupe más sitio en nuestro interior que el conjunto de todas las demás reacciones instintivas". Porque todos sabemos lo que está bien cuando dejamos de engañarnos.

El bien puede determinarse también sobre la base de los resultados. ¿Es rentable el mal? ¿Es sensato? Séneca declaró sabiamente: "Si deseas dominar todas las cosas, sométete a la razón". Y Jesús dijo al hombre que pecó: "Insensato, esta misma noche te pedirán el alma".

Los hombres acostumbran a decir: "Fui un idiota por haber hecho eso". Y lo más trágico no es que lo digan a la mañana siguiente, sino "en años posteriores".

La religión y la psiquiatría, trabajando en unión y como resultado de amplias experiencias con gentes que siguen con remordimientos, dicen del pecado que '"no fue prudente hacerlo", porque si es cierto que lo más prudente es lo mejor, entonces lo prudente es el bien, y lo imprudente es el mal. Scarlet O'Hara, en *Lo que el viento se llevó,* dice: "¡Oh! Parecía ser lo más correcto cuando lo hice, pero fue algo malo. Si tuviera que repetirlo de nuevo, lo haría todo de un modo distinto''.

El mejor método a desarrollar es la capacidad de la previsión moral, la habilidad para prever el resultado, para proyectar la mente hacia el futuro y ver qué nos parecerá aquello después de haberlo hecho. El que está pensando en cometer un pecado haría bien en imaginarse leyendo lo sucedido, como si su acción se hubiera hecho pública.

Las enseñanzas de Cristo son la prueba más segura de lo que está bien y lo que está mal. El declaró que vino a dar a los hombres una ''vida abundante'', es decir, una vida de paz, felicidad y satisfacción. En sus enseñanzas desarrolló el medio de alcanzar esa vida de bendición. En el Sermón de la Montaña, capítulo V de Mateo, expresa sucintamente el modo de lograr la felicidad: ''Bienaventurados (felices) los puros de corazón. Bienaventurados los que tienen hambre y sed de justicia'', y así continúa con una lista impresionante de virtudes, cada una de las cuales es un elemento vital para la felicidad.

Al final de Sermón de la Montaña, el Maestro concluye con esta alternativa dramática:

> Aquel, pues, que escucha mis palabras y las pone por obra, será como el varón prudente que edifica su casa sobre roca. Cayó la lluvia, vinieron los torrentes, soplaron los vientos y dieron sobre la casa, pero no se derrumbó porque estaba fundada sobre roca. El que escucha estas palabras y no las pone en obra, será semejante al necio que edificó su casa sobre arena. Cayó la lluvia, vinieron los torrentes, soplaron los vientos y dieron sobre la casa, que se derrumbó con gran estrépito.
>
> Cuando acabó Jesús estos discursos, se maravillaban las muchedumbres de su doctrina, porque les enseñaba como quien tiene poder, y no como sus doctores.

Los que oyeron aquellas palabras supieron por instinto que Jesús estaba hablando Verdad: es prudente hacer el bien, e insensato hacer el mal. Lo primero significa seguridad; lo segundo, la ruina.

Función primordial de la religión, y creo que de la psiquiatría también, es indicar el camino a una vida más feliz enseñando a hombres y mujeres a vencer la impresión de culpabilidad.

La psiquiatría utiliza sus propios métodos de diagnóstico y tratamiento.

La religión aporta a la mente turbada el conocimiento del perdón de Dios, y con él la paz que sobrepasa a toda comprensión.

CAPÍTULO 5

LA AUTOCRÍTICA,
EL FRACASO Y EL ÉXITO

La autocrítica, el fracaso y el éxito

SMILEY BLANTON

Quizá parezca paradójico, pero, cuanto más consciente y civilizado es el hombre, más probable es que quiera fracasar, que le encante perder. Esta sensación inconsciente de indignidad, de autocrítica morbosa, a la que se suman los esfuerzos afines e inconscientes por causarse daño a sí mismo, es tal vez el aspecto menos comprendido de la impresión de culpabilidad. Si queremos entenderlo necesitamos conocer no sólo la naturaleza de la impresión de culpabilidad, sino también del deseo subsiguiente de castigo.

Como en todos los estudios de los motivos de la conducta humana, aquí hemos de dejar de lado los criterios de la mentalidad habitual que se refieren únicamente a la mente consciente.

Cuando Edwart T. vino al despacho del pastor para consultarle y pedirle ayuda, era un hombre destrozado, en el límite de sus fuerzas. Se había agotado en lo que parecía una lucha sin esperanzas por la existencia. Era un fracaso, estaba físicamente enfermo y mentalmente deprimido. Se preguntaba si es que le perseguía algún hado maligno, o si Dios le castigaba por sus pecados.

Su historia, según la relató al pastor, era como sigue:

Su padre era un hombre firme, honrado y muy trabajador, que había llegado a los Estados Unidos proveniente de Europa y fundado una tienda, un Drugstore, en una ciudad pequeña.

La ciudad creció y también prosperó la tienda, de modo que, para cuando Edward era pequeño, su padre había establecido ya tres sucursales en ciudades próximas.

Edward tenía una hermana. Esta se casó y se marchó de casa. El fue a la universidad, donde obtuvo notas brillantes. Su especialidad era la historia, y confiaba en enseñarla pero, al graduarse, su padre le pidió que entrara en el negocio con él, ya que luego se haría cargo de todo.

Le contó lo mucho que había trabajado para fundar el negocio, que había crecido merced a sus esfuerzos. Le indicó que no tenía a quien dejárselo aparte de su hijo y que, si este no aceptaba la responsabilidad, pasaría a otras manos cuando él se retirara y quizás eso fuera la ruina del negocio. En resumen: dijo lisa y llanamente a su hijo que su deber, en vista de todo lo que su padre había hecho por él, era abandonar aquella ambición de enseñar historia y hacerse cargo de la tienda.

Durante algún tiempo Edward se sintió destrozado por emociones en conflicto, pero al fin cedió a los deseos de su padre, abandonó sus planes para una cátedra y entró en el negocio. Sin embargo, odiaba la tienda porque ésta representaba su frustración, y ese odio incluía un antagonismo hacia el padre que le había forzado a seguir un camino que él no deseaba.

Pero era un hombre muy consciente, y buen trabajador. En realidad, cuanto más odiaba el trabajo más se aplicaba en hacerlo bien. Pasaba largas horas en la tienda. Llegó a dominar los detalles del negocio y se convirtió en un ayudante eficiente de su padre. Pasaron veinte años y el padre murió de repente. Entonces, a pesar de todos los esfuerzos de Edward, las sucursales empezaron a ir mal, y al cabo de unos años dos de ellas quebraron y la tercera se vendió con pérdidas.

Incluso la tienda principal comenzó a dar señales de decadencia. Cuando los empleados más antiguos se jubilaron, Edward no pareció capaz de hallar hombres competentes. Montó allí un bar con enormes gastos, pero fracasó y finalmente, tras muchas preocupaciones, se vio forzado a venderlo todo con grandes pérdidas. Paradójicamente, el hombre que le compró hizo fortuna con él.

Edward T. montó entonces otra tienda en una ciudad vecina, aceptando la colaboración de un socio. La verdad es que no se tomó la molestia de investigar acerca de este hombre, un tipo muy listo que resultó ser un estafador. Un día los oficiales federales le arrestaron por vender alcohol de contrabando. Edward T. se gastó todo el dinero que le quedaba para salir airoso de la desagradable situación que siguió al arresto de su socio.

Se puso a trabajar para otros, pero iba perdiendo sus empleos uno tras otro. Para cuando fue a consultar al pastor, ya llevaba tiempo en la miseria. La tensión nerviosa y mental que había sufrido durante años le habían reducido a la fatiga y la enfermedad crónica.

Resulta claro que el fracaso de Edward T. no se debió a un fallo externo, sino a sus actos inconscientemente motivados. Experimentaba un gran odio por el negocio que había de ser su vida. Este antagonismo, y la cólera hacia su padre por haberle obligado a trabajar en la tienda, dieron como resultado la impresión de culpabilidad engendrada en el subconsciente. Año tras año, a medida que iba advirtiendo su incapacidad psicológica para la tienda, crecían también su cólera y su antagonismo aun sin él saberlo, hasta que, para castigarse por su odio hacia su padre, empezó a desear el fracaso incluso a costa de su ruina. Y eso es exactamente lo que sucedió.

Robert S. trabajaba como abogado de una compañía que instalaba equipo electrónico. Tenía graves sospechas de que el presidente de la compañía no era honrado, de que estafaba a menudo a sus clientes. En cuanto había un litigio, sin embargo, Robert S. aceptaba la palabra del presidente, ya que no tenía pruebas auténticas de su deshonestidad. Trabajó como abogado para esta compañía durante cinco años, con un sueldo anual de diez mil dólares. Entonces descubrió lo que él consideró una prueba de la deshonestidad de su cliente, y cortó la relación con él.

Pero mucho antes, acuciado por la impresión de culpabilidad inconsciente que sentía al aceptar el sueldo, había tratado de "hacer balance" mental y "poner sus libros al día" con respecto a aquel dinero. En cuanto tenía oportunidad de gastárselo en una inversión insegura, eso hacía. Su impresión de culpabilidad le impedía utilizar en sus inversiones el buen juicio con que actuaba cuando se trataba del dinero de los demás.

A veces nuestra impresión de culpabilidad inconsciente es más lista que nosotros mismos para hacernos fracasar. Por ejemplo, tal vez consigamos un trabajo que somos perfectamente capaces de realizar, pero en el que nos sentimos desgraciados; sin embargo, nos aferramos a él aun sabiendo que no es lo que deberíamos estar haciendo. La conciencia nos mantiene uncidos al yugo, pero el fracaso nos ofrece una vía de escape.

Kay P. quería escribir y, en cuanto salió de la universidad, consiguió un puesto como periodista. El único cargo disponible en aquel periódico era el de ayudante del redactor de ecos de sociedad. Un año más tarde dimitió éste, y Kay se convirtió en jefa de su departamento. Hacía tan bien su trabajo que se ganó el reconocimiento general y sustanciosos aumentos de sueldo. Pero, odiaba su labor. No era el tipo de periodismo que ella deseaba hacer; aborrecía los cócteles, las bodas y demás acontecimientos a los que debía asistir, y le molestaban las presiones constantes para que publicara en el periódico cosas que consideraba estúpidas y sin importancia.

Cuando hablaba de dimitir todos sus amigos le decían: "¡Qué estupidez¡ Tienes un buen trabajo, una paga magnífica. Estás segura. ¿Qué otra cosa quieres escribir?"

No lo sabía exactamente pero, desde luego, no los ecos de sociedad.

Pasó el tiempo y fue creciendo su enojo. Empezó a cometer errores al informar de los acontecimientos, a confundir los nombres en los ecos de sociedad. Luego comenzó a pasar por alto u omitir noticias importantes. El director se lo advirtió, pero no sirvió de nada. Todo llegó al colmo cuando confundió a los protagonistas de una boda importante con una pareja famosa a punto de divorciarse.

Un error así sólo podía obedecer al esfuerzo deliberado por fracasar que realizaba parte de su subconsciente. Y tuvo éxito: la despidieron. Deprimida por lo que le había caído encima, vino a consultar al pastor en la clínica de la iglesia. ¿Acaso era incapaz, inútil?, preguntó. Una vez descubierta su repugnancia por aquel trabajo, se le hizo esta pregunta:

—Si pudiera frotar la lámpara de Aladino y obtener la clase de trabajo que realmente desea, ¿cuál sería éste?

—Me gustaría escribir guiones para la radio —contestó— y creo que podría hacerlo bien.

Al fin tuvo esa oportunidad y, al cabo de unos meses, vivía feliz y estaba en camino al éxito.

Hay que aclarar que, en el caso de esta mujer, su subconsciente fue más listo que su mente consciente, ya que, si no hubiera cometido una serie de errores, quizás hubiera seguido siendo una redactora de ecos de sociedad de por vida, a pesar del hecho de que le disgustaba el trabajo.

Hay hombres y mujeres que fracasan porque el programa que ellos mismos se han fijado es imposible de cumplir, porque el programa en sí representa una fantasía más que una realidad.

Robert G. era un dentista joven e inteligente que fue a establecerse por casualidad en una ciudad pequeña donde, para llegar a obtener el éxito profesional, había que triunfar también socialmente. Pero él era tan tímido que se sonrojaba si le hablaba un desconocido, y tan torpe que ni siquiera sabía bailar bien. Su hobby era el estudio de los pájaros, campo en el que era todo un experto. Ese fue su único consuelo cuando fracasaron todos sus esfuerzos por triunfar en la vida social.

Parecería razonable suponer que todas estas personas, al examinar su propia conducta, reconocieron su debilidad y actuaron, digamos, con lógica. ¿Qué clase de ceguera les impedía ver lo que era obvio en su conducta? En realidad, ellos sí veían lo que era obvio, pero le daban un significado que no tenía. Edwart T. sabía que fracasaba en el negocio de la tienda de su padre pero, incapaz de admitir que prefería inconscientemente destrozar aquel negocio, y su propia vida antes que aceptar las exigencias de su padre, se decía a sí mismo que un hado maligno le perseguía. Y lo hacía primordialmente porque le resultaba demasiado penoso enfrentarse a la cólera y el odio que sentía hacia su padre. Este tipo de razonamiento se conoce con el nombre de racionalización, es decir: la búsqueda de una explicación que parezca racional cuando realmente no lo es. Porque dicha racionalización sirve para cegarnos acerca de las causas verdaderas de los sucesos. Un modo de pensar muy destructivo y que resultaba muy caro . . . pero que es bastante común.

Sólo cuando la voluntad consciente y el subconsciente se ponen de acuerdo podemos tener éxito sin fricción interior. Cuando la voluntad consciente y el subconsciente no están de acuerdo, el hombre se siente arrastrado primero hacia un lado y luego hacia el otro. Se dice de él que tiene una voluntad demasiado débil, lo cual es falso, o al menos inadecuado, ya que tal vez tenga una voluntad muy firme. Cuanto más fuerte sea, y si se ve dividida, más destructivo será el resultado. No es la carencia de voluntad lo que paraliza la acción, sino el conflicto entre la voluntad consciente y el subconsciente, y a menudo una voluntad infantil.

El remedio está en la comprensión. Es necesario comprender de qué experiencia enterrada en el subconsciente proviene la impresión de culpabilidad y, con ella, el deseo de fracasar. Con tal comprensión puede resolverse el conflicto y encontrar remedio a la situación.

Todo ser humano se siente indigno en un momento u otro. Todos somos más o menos inadecuados para nuestra tarea. Esta impresión es común a los hombres inteligentes, aunque a veces se disimula con la confianza. El sentido de falta de adecuación es uno de los pequeños secretos del hombre que no engaña al observador. Pero si esa impresión de falta de adecuación no coincide exactamente con los hechos, entonces es el momento de examinarse a fondo. La sensación constante de indignidad y de fracaso es potencialmente muy peligrosa. De paso diré que no suelen tenerla los que realmente son indignos. El criminal pocas veces la sufre conscientemente, aunque sus actividades sean el resultado de una impresión reprimida de culpabilidad.

Es necesario detenerse con frecuencia en la vida y evaluar el significado de las palabras *fracaso* y *éxito*. La persona de éxito ha evaluado generalmente sus fracasos y aprovechado lo que ha aprendido de ellos. En la investigación científica, el experimento de resultados negativos suele ser con frecuencia tan valioso como el que obtiene resultados positivos.

Los fracasos no son una derrota personal. Es morboso considerarlos de ese modo, ya que no son mas que el medio que tienen los humanos para seguir adelante con lo que se llama en psicología el método de la prueba y el error. Es curioso que, aunque casi todo el mundo entiende esto en relación a su trabajo, pocos son capaces de aceptarlo como cierto en su vida espiritual.

Para tener éxito, lo primero que uno debe hacer es saber qué es lo que desea. Entonces, después de haber obtenido el consentimiento del subconsciente, de la misma manera que se tiene ya el de la mente consciente, puede dedicar uno a ello todas sus energías. El hombre tiene derecho a ser feliz a su modo, mientras no resulte socialmente destructivo. Con demasiada frecuencia nos vemos engañados por la voluntad y la actitud de los demás sobre lo que constituye el éxito.

Un día, durante el almuerzo, un hombre de mediana edad me contó una historia patética. Sentía un gran amor por la tierra. Durante la adolescencia había soñado con convertirse en granjero y finalmente, al terminar en la escuela de agricultura, su padre le compró un buen espacio de tierra. Se casó muy enamorado y feliz y tuvo tres hijos, que después fueron a la universidad. En la noche de la graduación del tercer hijo, se había sentado en el porche delantero de la casa repasando su vida y pensando en su éxito y en su profunda felicidad. De pronto, se detuvo un coche ante la verja. Un vecino subió corriendo hasta él. Se había descubierto petróleo en la tierra inmediata, a pocos metros del límite con la suya. Indudablemente habría tanto petróleo o más en su propio lado de la valla.

Los amigos, la esposa e hijos se obsesionaron con el deseo de que él se lanzara a buscar petróleo. Lo hizo de mala gana, y acabó muy rico. Ese día me dijo:

—Ahora soy demasiado rico para encargarme de la granja. He contratado operarios. Mi esposa es demasiado rica para llevar personalmente la casa; tiene tantos criados y tan eficientes como los del club de campo. A veces, en tiempo seco, y sentado en la terraza del club, me preocupo inconscientemente por el temor de que no llueva. Luego me doy cuenta de que, con lluvia o sequía, la cosecha de petróleo no se detendrá. No he gozado de un día de felicidad desde que el coche del vecino se detuvo ante mi puerta.

Un día le sugirió alguien que bien podía emplear todo aquel dinero del petróleo en tierras, en una granja experimental. Alzó la vista rápidamente con un brillo dichoso en los ojos dijo:

—Entonces sería rico y a la vez trabajaría la tierra; sería como conservar el pastel y comérselo a la vez.

Y de ese modo llegó a un compromiso entre las demandas de su grupo social y sus intereses auténticos.

No seremos felices si un amo implacable, ya en nuestro interior, ya fuera de nosotros mismos, nos aparta del logro más satisfactorio de nuestras necesidades.

La autocrítica, el fracaso y el éxito
NORMAN VINCENT PEALE

Antes de empezar a escribir mi sección de este capítulo, volví a leer el análisis anterior del Dr. Blanton sentado en una terraza del famoso Chateau Lake Louise, en las Rocosas del Canadá.

Ante mí se extendía el Lago Louise, uno de los más hermosos del mundo. En otro tiempo se le llamó Lago Esmeralda, debido a su colorido maravilloso que abarca toda la gama de azules, verdes, amatistas y violetas, con un fondo de tonos caleidoscópicos, verde y oro, como si un mago supremo estuviera siempre mezclando colores en aquella hondonada mágica. Al otro extremo del lago, directamente enfrente de mí, de un blanco deslumbrador, bañado por el sol, se alzaba al glaciar Victoria a la sombra de las montañas que parecían casi negras por la abundancia de pinos en contraste con las altas cimas cubiertas de nieve.

Mientras leía el análisis del Dr. Blanton sobre las rarezas y conflictos de la mente humana, y sobre las ramificaciones de la impresión de culpabilidad que dominan a tantos hasta estropearles por completo la vida, no podía por menos de pensar en el contraste notable de aquella realidad con la paz y el vigor del panorama que se extendía ante mí. El glaciar que se eleva entre unas cumbres poderosas cuenta miles de años. De unos ciento sesenta metros de profundidad, la enorme masa de hierro avanza menos de cinco centímetros al año, imperturbable e indiferente a la prisa y las pasiones de los hombres que contemplan aterrados, maravillados, su blanca majestad. Rendirse ante la grandeza exaltada y la elocuencia silenciosa de los glaciares y las montañas nos eleva, sin duda, a una altura en la que muchas cosas carecen ya de importancia.

Desde la cima, el hotel de lujo se convierte en una simple mota, y lo mismo ocurre con nuestros pequeños odios, celos y ambiciones materiales. A esa altura se contempla la vida un poco como debe verla el Señor. Esta perspectiva empequeñece los pecados del hombre. Una guerra mundial, si se la contempla a suficiente altura, queda reducida a la agitación momentánea de un hormiguero, y tan poco importante —relativamente— como ella, pues recordamos que "mil años a Tus ojos son como ayer que ya pasó, como una vigilia en la noche".

Estando una vez en el Gran Cañon, un geólogo nos comentó que, si las épocas geológicas se redujeran en escala a una semana, el último segundo de esa semana representaría la vida del hombre sobre el planeta.

La impresión de culpabilidad que acosa al hombre, contrastada con los glaciares eternos y las grandes montañas silenciosas cubiertas de nieve, viene a demostrarle cuán pequeños son sus pecados comparados con la grandeza de Dios, y cuán estúpido es permitir que el recuerdo de los mismos destruya su paz y fe deje privado de fuerza. En este ambiente nos damos cuenta al fin de que lo principal para todos no es el mal que hemos hecho, sino la grandeza que hay en nosotros y que responde a la grandeza de la naturaleza. El hombre que escribió los Salmos había cometido muchos pecados, pero dijo: "Alzaré mis ojos a las colinas, de donde viene la ayuda", una ayuda, que procede "del Señor, que hizo el cielo y la tierra".

Y la base de esa ayuda era que, entre los inmensos panoramas, incluso los pecados del hombre parecían relativamente sin importancia.

Lo cual no significa restar importancia a un error moral, sino contrastarlo tan sólo con la comprensión y ayuda sin límites de Dios.

Olvidando todas las cosas que quedan atrás, buscar aquellas que nos aguardan. Este es el secreto, que consiste en alejarnos de nuestra mente pequeña, agitada y egocéntrica, para contemplar la vida desde una gran altura. Eleve usted los ojos, salga de sí mismo, fije la vista en Dios y luego siga adelante sin dejar de mirarle. Entonces *sí* podrá olvidar las cosas que quedan atrás y avanzar sin miedo hacia todo lo que le espera. Apártese de sí mismo poniendo en su alma montañas, glaciares . . . y también a Dios.

Supongamos que usted obró mal y que lo siente. Pídale a Dios que le perdone y luego olvídelo. Lo importante no es que usted obrara mal. Aquello estaba mal y lo hizo; no puede deshacerlo. Pero *usted* es infinitamente más importante que un error, incluso que muchos errores. Suba muy alto, échese una buena mirada y vea en qué puede llegar a convertirse. ¡Qué ridículo permitir que la mente se aferre a un error cometido una vez hasta que sea incapaz de pensar en otra cosa y viva centrada en un tema ahora sin importancia! Usted es más grande que su pecado, por grande que éste sea o parezca ser. Dios le ha perdonado, si usted se lo ha pedido con sinceridad. El ve más sus posibilidades que el pecado. Y usted debe perdonarse a sí mismo, puesto que Dios ya le perdonó. Dígale a su alma timorata y asustada: "Sí, yo pequé. Cometí un error, lo confesé y me puse en paz con Dios, que ya me ha perdonado". Su impresión de culpabilidad no podrá soportar mucho tiempo ese tratamiento. Déle pues la espalda y siga adelante como si aquello jamás hubiese sucedido, excepto que ahora usted es más prudente y está más agradecido a Dios, que le permitió alcanzar esta victoria.

Si usted es víctima de una impresión crónica de culpabilidad, con su secuela de una autocrítica excesiva y el intento inconsciente de castigarse que le lleva a desear el fracaso, entonces, francamente, usted se halla enfrentado a una situación muy grave. En la mayoría de los casos, el hombre que la sufre es consciente de su grave estado, pero, por lo general, no comprende hasta dónde puede llevarle esta enfermedad de su personalidad.

En la primera sección de este capítulo, el Dr. Blanton ha descrito la enfermedad. Yo intento demostrarle que la religión puede curarla, y para ello ha comenzado por indicar la base de esa curación: que su mente practique el concepto de la grandeza de Dios y, mediante un acto de fe, acepte la curación que El le ofrece.

Por supuesto hay mucha gente que, aun aceptando la validez de lo dicho y deseando actuar como se les indica, sin embargo, están tan debilitados por el envenenamiento prolongado de la impresión de culpabilidad que ya no tienen fe en la posibilidad de vencerla. Este mismo derrotismo es, en sí, un autocastigo, y un castigo definitivo, una entrega completa a la voluntad de fracasar que, con frecuencia y por extraño que parezca, produce un cierto placer sombrío. No conciben que ellos mismos puedan librarse de las cadenas para seguir adelante sin obstáculos, confiados y con todo el vigor necesario para triunfar en la vida.

El único remedio contra esta aquiescencia conformista con la derrota es saber que su mayor debilidad no sólo puede ser vencida mediante la fe religiosa, sino incluso convertirse en su mayor fuerza. Tal vez usted sea uno de esos que dicen: "Sí, comprendo que a algunos puede resultarles útil todo eso, pero no en mi caso. Usted no se da cuenta de lo enorme que es mi debilidad". A lo que yo podría responderle: "Por grande que sea su problema, resulta pequeño e insignificante ante Dios. Con Dios todo es posible. El que usted logre realizar lo que desea depende de su fe''. La Biblia dice: ''Se hará en vosotros según vuestra fe''. Y reitera de nuevo este hecho asombroso: ''Si teneis fe como un grano de mostaza, direis a esa montaña: Vete de aquí allá. Y se moverá, y nada os será imposible''.

La enfermedad del derrotismo es una montaña. Pero la Biblia dice, y miles de personas atestiguan esta verdad, que la fe mueve montañas. Luego nada es imposible al hombre de fe. Grabe esto en su mente consciente: usted puede vencer el sentido de culpabilidad, puede vencer incluso su propia resistencia inconsciente a la curación, puede vencer el deseo devastador e infantil de castigarse a sí mismo convirtiendo su vida en un fracaso.

Un estadista famoso dijo una vez que, en su juventud, oyó una frase que le hizo muchísimo bien a lo largo de toda la vida. Declaró que la había repetido con frecuencia en su vida adulta y que había resultado ser una fuente maravillosa de energía. La frase era: ''Puedes llegar a ser más fuerte precisamente en tu punto más débil''.

Es un buen pensamiento que recalca dos cosas importantes para usted y para mí. En primer lugar, llama la atención hacia el hecho tan obvio de que tenemos puntos débiles y, sobre todo, uno que es el *más débil:* nuestro punto flaco. Por supuesto no nos gusta admitir ese hecho, pues todos preferimos pensar en nuestros puntos fuertes. No deseamos ser sinceros con nosotros mismos. Un autor contemporáneo habla de un hombre que tenía muchos fallos bastante desagradables; se le preguntó si alguna vez pensaba seriamente en sus defectos, y el hombre contestó que, en cuanto se sentaba a meditar en sus fallos, invariablemente se quedaba dormido. Por supuesto, el hecho de dormirse era un método muy conveniente empleado por el subconsciente para no pensar en asuntos desagradables. El sopor era una forma de huida ante lo que podía turbarle, y así lograba conservar su autoestima.

No resulta fácil ser absolutamente honrado consigo mismo, ya que tratamos de justificarlo todo. Es decir: tenemos tendencia a no ser objetivos en nuestra actitud hacia nosotros mismos. Ponemos nuestra mente a trabajar, pero no tratamos los hechos como son, sino que damos razones lógicas para cualquier conducta. Nuestro subconsciente nos engaña y, a menos que comprobemos con severidad nuestra mente, ésta seguirá engañándonos y nos impedirá que seamos completamente sinceros con nosotros mismos, no dejándonos ver nuestro punto flaco.

Pero, además, la frase nos dice que podemos ser más fuertes en nuestro punto más débil. No dice que tal vez nos sintamos fuertes en los puntos en que ahora somos débiles, sino que seremos más fuertes en lo que ahora es nuestro punto flaco. Algunas tribus de Africa creen que, cuando un hombre vence a otro, la fuerza del vencido pasa al vencedor y, en consecuencia, éste es mucho más fuerte. Cuando usted vence una debilidad, la fuerza latente en esa debilidad, que es el poder con que le domina, pasa a usted. Cada vez que vence esa debilidad adquiere una parte adicional de fuerza, la que poseía dicha debilidad y que disminuye con cada victoria, y su fuerza se incrementa otro tanto.

El resultado definitivo es la destrucción total de su debilidad, y la adquisición de aquella fuerza que tenía sobre usted. Cuando nos empeñamos con vigor en vencer una debilidad que ya hemos reconocido, la campaña que preparamos tiende a reunir todas nuestras fuerzas en ese empeño. Concentramos una gran medida de fuerzas en nuestro punto flaco, y lo transformamos en el más fuerte.

El proceso de una soldadura ilustra esta idea. La soldadura es el proceso mediante el cual dos piezas de metal se funden en su punto de contacto, estableciendo una unión que generalmente resulta más fuerte que el metal en sí. Un calor intenso se aplica en el punto de contacto. Ese calor intenso, y la fusión resultante, transforman el punto que era débil en el más fuerte de todo el conjunto.

Deberíamos recordar que la personalidad del hombre tiende a paliar, a excusar y defender nuestra debilidad. En ocasiones debemos salir de nosotros mismos a fin de contemplarnos con tal claridad que la mente se vea obligada a aceptar sinceramente nuestra estúpida debilidad. Si atacamos decididamente el punto más débil con esa comprensión grabada en la mente, éste se convertirá en su punto más fuerte. Siempre ha sido un don de la religión cristiana el ayudar a los hombres a ser más fuertes en su punto flaco.

Supongamos que, con el correo de mañana por la mañana, usted encuentra una carta conteniendo un cheque importante a su nombre, firmado por uno de los hombres más ricos del mundo. En la carta adjunta, ese hombre le dice que sabe que usted necesita el dinero y que tiene el gusto de enviárselo como regalo, sin que eso implique obligación alguna; sólo desea que lo acepte, lo utilice y sea feliz con él. Todavía más, cuando se le acabe ese suma, puede pedirle más dinero. Ahora bien, ¿qué hará usted con ese cheque?

El hombre prudente dirá:

—Necesito este dinero, y este rico me lo da porque le sobra, y porque disfruta ayudándome de este modo. Además, el cheque es bueno —seguirá razonando—. Claro que no es mas que una promesa escrita en un pedazo de papel. Pero el que lo firma tiene ese dinero y por tanto avala el cheque.

En consecuencia, ese hombre prudente irá al banco y lo cobrará.

Al contrario, el hombre estúpido lo sostendrá en su mano abrumado por las dudas.

—El cheque parece bueno, y el nombre de quien lo firma parece auténtico. Desde luego, yo necesito el dinero, pero ese rico no puede hablar en serio. De todos modos, el banco no me dará el dinero, así que haré que enmarquen este cheque y lo colgaré en la pared donde pueda mirarlo de vez en cuando e imaginar cuán agradable sería tener tanto dinero.

¿Concibe algo más idiota?

Bien, pues aquí viene lo asombroso: en este mismo momento y a su alcance tiene usted un cheque mucho mayor, a su nombre y firmado por el Ser más rico del universo. Tiene el cheque; al menos yo doy por sentado que lo tiene. Sólo es un pedazo de papel y en él hay escrita una promesa, pero va a su nombre y la firma avala la suma prometida. ¿Dónde está ese cheque? Vaya a la Biblia y lo encontrará; no una, sino muchas veces. Dice así: "Si pedís algo en mi nombre, os lo concederé", se afirma en el evangelio de San Juan. O en el de San Mateo: "Se hará en vosotros según vuestra fe". Por su parte, San Marcos formula el cheque con estas palabras: "Si creéis, todo es posible al que cree", y la gran promesa de un valor incalculable continúa diciendo: "Todo cuanto deseéis, creed al rezar que lo recibiréis, y lo tendréis".

En estas promesas tenemos un cheque a nuestro nombre, al de nuestros amigos, al de todo aquel que cree, un cheque pagadero en el Banco de Garantía Espiritual del Universo. Muchas personas prudentes han recibido y leído este "cheque", han creído en él y lo han cobrado y siguen cobrándolo a dirio. Así es como son ricos en energía personal y alegran este mundo con su vida radiante y útil. Han experimentado el poder tremendo de la fe.

Otros, ¡pobrecillos!, leen el cheque pero no creen en el fondo de su corazón. Opinan que todo eso son únicamente palabras piadosas, que suenan bien, y que, si por casualidad, una casualidad remota, fueran ciertas, no lo serán para ellos sino para otros. Incluso compran una hermosa copia del "cheque", encuadernada en piel y con hojas de canto dorado —una Biblia preciosa—, y leen este "cheque" de vez en cuando, deseando con un suspiro disfrutar de cuanto allí se ofrece. Pero no lo cobran jamás, sino que siguen viviendo inmersos en la tibieza espiritual, en vez de aceptar la superabundancia de energía, gozo y fuerza.

La esencia de la religión es que libera en la persona un poder y unas fuerzas que la capacidad humana no puede generar, mediante las cuales se eleva a un plano de existencia en el que se siente superior a todo lo que la vida pueda traerle. Una vez vivió un Hombre que tenía el don de vencer a todo cuanto el mundo pudiera hacerle y, a lo largo de los años, otras personas, mediante el contacto con este Hombre en la comunión espiritual, han hallado el mismo poder. Recordamos esperanzados que El dijo en una ocasión: "En verdad os digo, el que cree en Mí hará todo cuando Yo hago, y aun mayores obras".

¿Por qué no hacemos nosotros esas obras? ¿Dónde está nuestro error? El vivía de tal modo que la debilidad y los problemas caían a su paso como las hojas secas en otoño. ¿Se ha perdido ese don? ¿Cómo hallarlo de nuevo?

Y si se ha perdido para muchos de nosotros, ¿qué hacer? La respuesta es volver y examinarlo en su origen. Cuando volvemos atrás y analizamos la vida de Jesús, la fuente de Su poder y de Su divina energía, nos sentimos impresionados por Su fe en Dios. El creía que Dios estaba junto a El, utilizándole. Creía en Dios con la fe de un niño. Se mantenía en íntimo contacto y comunión con Dios y, como resultado, era un canal abierto a la energía divina.

El Nuevo Testamento nos dice, y la vida de muchos hombres atestiguan esta verdad, que podemos disfrutar del mismo tipo de poder que tenía Cristo si poseemos Su misma fe. Lo cual es una afirmación notable, pero el mismo Maestro lo dijo: "El que crea en mí hará todo cuanto yo hago".

Nuestro problema es que la idea que tenemos del poder de la fe religiosa es demasiado pequeña, demasiado limitada. La mayoría creemos que el tremendo poder concedido por la fe no es para nosotros porque somos humanos y, por tanto, imperfectos. Jesús, decimos, tenía una visión y una fuerza de voluntad más allá de la que nosotros podamos llegar a tener. Pero, recuerde: el Evangelio no es un mensaje para los fuertes y sabios, sino para los que anhelan profunda y ansiosamente. Es para aquellos que, siendo débiles, acuden a Dios en busca de fuerzas. Tratan de creer, a la vez creyentes e incrédulos, pero tienen fe en la bondad de Dios. Tratan de adecuar sus pensamientos a tono con el espíritu de Cristo, y en consecuencia, porque lo desean y aunque sean débiles, Dios les concede su poder. No les pide que luchen por vencer los obstáculos superiores a ellos, sino sencillamente que crean en El, confíen en Su bondad y vivan sinceramente una vida cristiana. Estos son los canales que abrimos a la fuente de energía espiritual, y la gracia de Dios fluye a través de ellos como la energía eléctrica.

Muchas personas no obtienen ese don del poder de Dios simplemente porque no confían en su propia capacidad de fe. Suponen que tienen que ser fuertes, incluso auténticos santos, pero ése no es el método que Cristo enseña. "Si podéis creer —dijo El—, todo os será posible". Lo cual significa: libraos de la tensión de la duda y el temor, buscad a Cristo en vuestra debilidad, y dejad vuestra vida a su cuidado. Cuando usted se libere de la tensión y desaparezca su rigidez espiritual, entonces la vida será como un canal abierto a través del cual correrá la gracia poderosa de Dios como un río en un país seco y árido tras una larga sequía.

Un ejemplo de la función y efectos de la fe en la vida diaria es el caso de un joven que vino a verme y confesó que tenía un ansia insaciable de alcohol, lo que estaba destruyendo rápidamente su efectividad en los negocios. Su vicio era tan grande que en varias ocasiones se había levantado durante la noche para servirse una copa. Probablemente un psiquiatra habría diagnosticado su caso como "el deseo de fracasar", es decir, que básicamente él *deseaba* fracasar. No es raro que ésto sea verdad en tales casos. Pero quería que yo rezara con él, que le consolara y le animara a salir a pelear en una lucha que él esperaba perder y, cuando hubiera fracasado, volvería en busca de más plegarias y más consuelo. Como así lo hizo en varias ocasiones, acabé por decirle que era inútil intentarlo y le aconsejé que lo dejara. Se quedó muy asombrado al oirme y entonces le expliqué que, en realidad, el evangelio no nos anima a *intentarlo* con más fuerza, sino a *creer* con más fuerza. De otro modo, solo serviría para los hombres de gran fuerza de voluntad. La única lucha a la que se nos anima el evangelio es la lucha de la fe, la lucha por creer.

Le aseguré que por mucho que echara mano de su voluntad para triunfar, probablemente fracasaría porque, en su subconsciente, se veía a sí mismo como un fracaso. Tal vez su voluntad dijera en tono heroico: "Lo haré". Pero, al mismo tiempo, su imaginación susurraba: "No puedo". Y como la imaginación es más fuerte que la voluntad, ésta perdería. Tenía que verse a sí mismo como ganador, no como perdedor. Su fe había de grabar esa imagen firmemente en el subconsciente. Por tanto, le pedí que hiciera un acto de pura fe para convencerse de que podía vencer el ansia del alcohol, no mañana o en un futuro más o menos próximo, sino ahora mismo, creyendo al instante, por la gracia de Dios, que ya estaba libre de su dominio.

"Se hará en vosotros según vuestra fe", dijo Cristo. Este hombre me preguntó si yo estaba seguro de lo que le decía, y contesté que sí. Por un acto de fe aceptó la idea y, aunque no sé qué operaciones mentales tomaron parte en este proceso, el caso es que al cabo de un mes me dijo que no había sentido el menor deseo del alcohol. Ahora, después de año y medio, no ha vuelto a caer en el vicio. La lesión moral fue sanada gracias a un poder curativo tan fuerte que no quedó vestigio de la enfermedad. Lo que no logró la lucha, por sincera que fuese, lo consiguió la energía tremenda de la fe en Cristo. Cualquier problema de esta vida puede mejorarse con éxito si abrimos la mente con fe al poder de Dios.

Muchas personas conciben la religión como algo aparte de los asuntos diarios del mundo. Les parece que tiene que ver sólo con ceremonias, rituales y sermones, y con frecuencia les parece aburrida o al menos poco interesante. La religión puede describirse de muchos modos. A mí me gusta pensar en ella como medicina, una medicina que cura la mente. Tiene un efecto poderoso contra los venenos que infectan la mente consciente y el subconsciente. Su potencia de penetración entra profundamente en aquellas áreas del subconsciente donde se esconde el origen de la infección. Persigue los gérmenes de esas enfermedades mentales y los destruye con el calor poderoso de su vida limpia. La razón de que yo, como clérigo, esté escribiendo un libro en colaboración con un psiquiatra, es que la ciencia moderna reconoce que la religión no es ajena a la vida auténtica, ni puede resumirse en formas y ceremonias, sino que es un agente terapéutico efectivo.

Un célebre médico norteamericano observó que "la mayoría de la gente no necesita tanto de los fármacos, como de una buena dosis de conversión a la antigua usanza". Y es que la conversión no significa sólo salvar a un viejo borracho del arroyo mediante una reunión o en una misión de rescate, por espléndido que esto sea. Significa también sacar la maldad de su mente, curarle de la impresión de culpabilidad, y, en resumen, hacer de él un hombre nuevo.

Permítanme que les hable de otro hombre. Tenía un cargo de responsabilidad. Era un hombre de aspecto recio y, a menos que uno conociera el tumulto y agitación que reinaban en su mente, le habría creído sano y fuerte. Pero, bajo un aspecto aparentemente normal, rugen en ocasiones tormentas que nos dejarían atónitos. Thoreau dijo: "La mayoría de los hombres viven una vida de desesperación silenciosa".

Este hombre solía despertarse muy de madrugada, agobiado por el temor de cuanto podía sucederle a su familia y a él mismo. También sentíase aterrado ante la idea de que ciertos pecados antiguos pudieran volverse contra él. Esas horas en las que se revolvía inquieto en la cama le dejaban exhausto antes de empezar el trabajo del día. Tenía los nervios tan tensos que perdía con frecuencia el control, y creaba muchas situaciones desagradables en su relación con los demás. Toda su carrera estaba en peligro, pues la angustia interior con que trabajaba disipaba las energías que debiera aplicar a su tarea.

Escuchó una charla por radio en la que yo afirmé que la fe religiosa había logrado resultados notables en la curación del nerviosismo, la tensión y la ansiedad, y aportado paz y poder a muchos seres turbados. Vino a mí y me confesó cierta malas acciones y, en el ambiente de confianza de la clínica de nuestra iglesia su mente y su corazón quedaron libres de la impresión de culpabilidad que le envenenaba la mente, el alma y el cuerpo. El Dr. Blanton y yo le hicimos ver entonces que Dios no es un vago concepto teológico, sino que está cerca de nosotros, que expresa una gran verdad cuando dice: "Mi gracia te es suficiente", y entonces le animé a que tratara de creer en Dios como cree un niño en un padre amable, y que pusiera su vida destrozada por los nervios en manos de Dios, que "entregara su carga" al Señor. Finalmente se libró de todas sus ansiedades por un acto de fe.

Merced a la práctica de esta fe, la tensión fue desapareciendo gradualmente y hoy en día este hombre goza de paz y serenidad profundas como centro de su vida. Ha recuperado su antigua eficiencia, y en su vida ha renacido el gozo. Cuánto más presenciamos transformaciones como la que he relatado, gracias a la intervención de Dios, más comprendemos lo que quiso decir un gran psicólogo al afirmar: "El problema de nuestra generación es que no aprecia a Dios lo suficiente".

CAPÍTULO 6

DOLOR Y SUFRIMIENTO

Dolor y sufrimiento

SMILEY BLANTON

¿Cuál es el significado del sufrimiento? La respuesta debe buscarse en esa mina de sabiduría que son las tragedias griegas, las obras de Shakespeare y la Biblia. El tema se repite una y otra vez. Así lo expresa noblemente Eurípides:

> Si El no nos hubiera revuelto en Su mano y abatido nuestra grandeza
> y agitado nuestras colinas como polvo,
> no habríamos sido este esplendor, y nuestros errores
> una música eterna para la canción
> de la tierra y el cielo.*

La humanidad sabe por experiencia que el sufrimiento, soportado con nobleza, enriquece la personalidad y refuerza el carácter; sólo, por supuesto, cuando este sufrimiento es inevitable; sólo cuando ningún esfuerzo humano puede impedirlo. Porque nunca ha de ser un sufrimiento que nos impongamos a nosotros mismos.

Ayudar al que sufre es función del psiquiatra; ayudarle a comprender el origen de su sufrimiento y, si es posible, a evitarlo. El psiquiatra, como el pastor, aporta comprensión y simpatía a la tarea, aparte de un conocimiento especializado de la mente que le permite ayudar a los seres humanos que, de otro modo, se hundirían bajo la carga.

El psiquiatra tendrá muy en cuenta si el sufrimiento se lo ha impuesto el mismo paciente aun sin saberlo, o si lo ha exagerado. Entonces es cuando puede analizar y ayudar.

El sufrimiento ataca al hombre o la mujer corrientes de muchos modos. La muerte por ejemplo, o la separación, es una experiencia común a toda la humanidad. En tales casos la mente se ve invadida por una emoción monopolizadora y de momento queda en suspenso toda capacidad de amar a otro que no sea el ser que se ha perdi-

*_Las mujeres troyanas de Eurípides,_ Oxford University Press, Nueva York, 1915, p. 72.

do. Es inevitable el dolor mental, la depresión, la pérdida de interés en el mundo exterior y la desgana ante las actividades normales de la vida.

Pero, por muy fuerte que sea nuestro dolor, el amor que dedicábamos al ser piadoso comienza, al cabo de un tiempo, a enfocarse en otros objetivos. Esta es una reacción necesaria si hemos de seguir viviendo. Normalmente, y tras una período de luto, nos sentimos capaces de amar de nuevo.

Hay individuos que siguen lamentándose exageradamente de su pérdida, pero casi siempre tienen otras razones que inmovilizan la capacidad de reajuste. O bien dedicaban al ser perdido una intensidad de afecto en absoluto prudente, o bien experimentaban un resentimiento inconsciente que la mente infantil aprovechó y utilizó. Entre los elementos que formaban parte de su dolor durante el período de luto había cierta autocrítica y autorreproche morboso. Seguir entregándose al sufrimiento cuando ha pasado el tiempo normal para la adaptación supone un autocastigo al exagerar la impresión de culpabilidad.

En algunos casos, este dolor morboso se transforma en lo que solemos llamar melancolía.

He aquí un ejemplo:

El dolor de la señora Drew a la muerte de su hijito de cuatro años era muy profundo, naturalmente, pero no disminuía con el paso del tiempo, aunque había otros cuatro niños y un marido que la consolaban y reclamaban su atención. Seguía apartándose de ellos y de sus amigos, y se pasaba la mayor parte del día llorando. Estallaba en lágrimas al hablar de cualquier cosa, por remota que fuera, que le recordara a su hijito muerto. Era una cristiana devota, pero no hallaba alivio en la religión.

Pasaron tres meses y su pastor comprendió al fin que debía haber algún obstáculo morboso en su mente que mantenía vivo el dolor. Le pidió que fuera a la clínica de la iglesia. Y acudió allí, pero no pudo hablar de su dolor, ni siquiera en términos generales, pues el llanto no le permitía pronunciar palabra.

Había que encontrar algún nuevo interés para la señora Drew que la distrajera temporalmente del dolor, porque ni el psiquiatra ni el pastor podían examinar siquiera su caso con vistas a ayudarla. Entonces le pidieron que ayudara, durante unas horas al día, a las encargadas de una guardería que había organizado la iglesia para los niños de madres trabajadoras. Consintió en ello y cumplió con su deber fielmente. Al término de unas semanas, y una vez hallada la salida a sus emociones, le fue posible hablar de sí misma y nos contó su historia.

Cuando ya tenía cuatro hijos, el más joven, de dieciséis años, se encontró con que iba a tener otro. Aquello la molestó y despertó su resentimiento, pues comprendía que la situación resultaría algo difícil con los otros, ya tan mayores. No podía por menos de sentir que la criatura añadiría una carga demasiado grande a su vida tan llena.

El marido de la señora Drew era un hombre de negocios de éxito que debía hacer con frecuencia largos viajes; en cuanto tenía vacaciones se iba a su club de caza, a pescar y cazar. Como los otros hijos ya estaban crecidos, ella llenaba su vida con la limpieza exagerada de la casa, dedicándose por completo al hogar. Su único recreo era jugar de vez en cuando al golf o a las cartas con los vecinos. Aunque asistía a la iglesia con regularidad, tenía pocos amigos allí, ya que se había retirado casi por completo de las actividades de la iglesia. Su vida era exageradamente limitada, y otro niño la limitaría incluso más, pero sus principios morales no le permitían interrrumpir el embarazo.

Esta era la situación en que se halló metida a la llegada del quinto niño. Físicamente estaba bien, pero mentalmente deprimida. Durante el último mes del embarazo lloraba de continuo.

Pero con el nacimiento del bebé cambió su actitud. El niño fue desarrollándose, niño sano y encantador, y la madre se sentía muy feliz con él. Estaba cada vez más unida al niño, en quien centraba su vida y afectos.

Durante una de las charlas en la clínica de la iglesia, dijo:

—No lo comprendí entonces, pero creo que convertí al niño en el desahogo de todo mi amor. Estaba ansiosa de afecto debido a la situación del hogar: los hijos mayores ya no me necesitaban y mi marido parecía preferir a otras personas para compartir el trabajo y la diversión. Llegué a desear que mi pequeñín permaneciera en mi corazón todo el resto de mi vida.

Las emociones en conflicto de la señora Drew con respecto al niño antes de que naciera, y el amor excesivo que sintió por él después, traicionaron la raíz de sus emociones bloqueadas y ansiosas de cariño. Para el subconsciente, los deseos son lo mismo que los actos, y la conciencia subconsciente nos castiga por los deseos como si realmente se hubieran transformado en actos. El primer resentimiento y antagonismo de la señora Drew había sido interpretado por su conciencia como un deseo de muerte y, cuando el niño murió más tarde, ella se sintió inconscientemente responsable. De ahí su sufrimiento morboso.

Un estado morboso similar tuvo lugar en el caso de la señora Z., que vino a la clínica de la iglesia a consultar al pastor acerca de una depresión profunda a la muerte de su marido.

Ambos habían tenido una vida matrimonial bastante tormentosa a lo largo de más de treinta años. El señor Z. era leal y trabajador, pero tenía un genio violento y ambos reñían con frecuencia. La señora Z. se mostraba resentida en ocasiones por la conducta irrazonable de su marido, pero en conjunto su vida matrimonial había tenido los suficientes factores positivos como para que ambos disfrutaran con ella.

El señor Z. se retiró finalmente del negocio por consejo de su médico, quien había descubierto que sufría del corazón hasta el punto de correr peligro de una muerte repentina si seguía trabajando. Una noche, dos años más tarde, se quejó de una ligera jaqueca. Su mujer le preguntó si quería que viniera el médico, pero él dijo que no. A la mañana siguiente, cuando ella fue a su habitación, le encontró muerto.

La causa de la muerte había sido un coágulo en una de las arterias, posibilidad que ya había previsto el médico. Sin embargo, la señora Z. se reprochaba amargamente por haber descuidado a su marido. Pensaba que, si ella hubiera llamado al médico aunque él se había negado, todavía estaría vivo. El médico se mostró en desacuerdo con ella. Sin embargo, la señora Z. se empeñaba en creer que era parcialmente responsable por aquella muerte, y que sin duda Dios la castigaría.

Es inútil discutir con una persona así, y un error gravísimo el intentar convencerla a fuerza de palabras para que salga de la depresión. Es peligroso incluso. *La depresión, por ligera que sea,* exige el tratamiento más experto.

En el caso de la señora Z., las peleas con su marido y el resentimiento que en consecuencia sentía hacia él mientras vivía, habían sido reprimidos en su subconsciente. Ante otras personas insistía en definirle como un marido ideal, aunque todos sabían de su genio rápido. Pero no podía engañar a su subconsciente, donde ese resentimiento, almacenado a lo largo de los años, era interpretado por la conciencia infantil como auténticos actos de agresión contra el marido, de modo que, cuando éste murió, ella creyó que había tomado parte activa en su muerte.

En la depresión y la melancolía en las que el sufrimiento ha alcanzado un punto morboso, casi siempre existe una impresión inconsciente de culpabilidad, y el dolor no puede aliviarse a menos que desaparezca esa impresión. Aquel que haya de recibir ayuda de la religión, ha de poseer la comprensión de la conciencia infantil y de cómo ésta pone obstáculos inconscientes a la consecución de la impresión normal de perdón.

El dolor, profundo y devastador, no sólo surge de la pérdida de los seres queridos, sino también de la pérdida de la fe.

En el caso de los pueblos primitivos, por ejemplo, se ha observado que, cuando su cultura se ha visto destruida por una invasión conquistadora, y minadas sus creencias religiosas, en realidad se niegan a vivir, a pesar de que el ansia de supervivencia es muy fuerte en todos nosotros.

Algunas tribus indias que habitaban las Indias Occidentales murieron cuando llegaron los españoles, destruyeron su cultura y los esclavizaron. Algunas tribus polinesias de los Mares del Sur degeneraron o desaparecieron por completo con la llegada de los blancos que trajeron la opresión y una nueva cultura. Los individuos y los pueblos pueden sobrevivir a la opresión pero, cuando pierden su fe o sus ideales, la depresión resultante hace que la vida no les parezca digna de vivirse.

Los psiquiatras conocen otro tipo de pérdida que puede causar melancolía o depresión: la pérdida de un padre imaginario que ha estado dominando la vida adulta del individuo. Pues para todos nosotros hay, a la vez, unos padres reales y otros imaginarios.

El padre del señor Robert J., ingeniero, estaba fuera de casa la mayor parte del tiempo. Cuando regresaba al hogar contaba sus aventuras en lugares extraños, y así se fue convirtiendo en un héroe a los ojos de su hijo, que le adoraba. Pero, en cuanto se iba de nuevo, Robert experimentaba un gran resentimiento. Se juzgaba privado del amor de su padre, de modo que desarrolló una necesidad obsesiva de que otros hombres representaran el papel que un padre siempre en casa habría representado en la vida de un niño pequeño. Por ejemplo, agobiaba a los profesores con preguntas sobre el significado de una palabra que él podía buscar solo, o sobre la solución de un problema sencillo de matemáticas.

Ya mayor, inició su propio negocio y tuvo bastante éxito. Pero incluso entonces el "padre imaginario" interfería con su vida y su trabajo. Cuando iba a vender el producto y el cliente en potencia no le hacía el pedido, se sentía deprimido, resentido. En vez de tomarlo como parte del trabajo diario, pensaba que el cliente le había rechazado por algo especial.

Comprendiendo que esto se había convertido para él en una obsesión, vino en busca de ayuda a la clínica de la iglesia. Se le hizo ver objetivamente que el problema surgía de la actitud que tuviera de niño hacia su padre. Respondió de modo prometedor a tal conocimiento de sí mismo, pero la comprensión total de sus acciones le originó una depresión profunda. Mientras ésta duró, el joven estuvo convencido de que, al separarse de aquella imagen de su padre, perdía algo sin lo cual no soportaría vivir.

La mayoría de nosotros tenemos esas fantasías infantiles, de una forma u otra, y es dura la lucha por librarnos de ellas. Nos aferramos a las mismas como algo vital para nuestra existencia. Hallamos cierta analogía en el niño cuyos bolsillos andan llenos de una confusión absurda: una navaja vieja, un silbato roto, un trocito de mármol, un pedazo de cordel. Si alguien le dijera: "Dame todas esas porquerías que llevas en el bolsillo y te daré una navaja nueva, un pedazo entero de mármol, un silbato que funcione y todo un carrete de cordel", mostraría desconfianza. Pues así nos sentimos inclinados a actuar todos cuando se ven amenazados nuestros conceptos infantiles.

Sin embargo, si hemos de lograr cierta felicidad, debemos seguir el ejemplo del apóstol Pablo cuando aconsejaba al hombre adulto que dejara las cosas de niño. No quería decir que abandonáramos la sencillez de miras, la capacidad infantil para la fe; solamente que debíamos abandonar aquellas actitudes infantiles que deben superarse cuando uno es adulto. De vez en cuando, a medida que crece, el niño rechaza sus ideas erróneas acerca de las personas con objeto de adecuar su actitud a los hechos de la vida. El adulto que se ha aferrado sin saberlo a las ideas infantiles, ha de abandonarlas también.

Tan solo un paso separa a la desilusión infantil y el dolor un ideal equivocado, da la desilusión y melancolía del adulto que se siente apenado, amargado e incluso cínico ante una decepción. Cuando se destruye una fantasía, hay que poner algo en su lugar, o sufriremos.

Pero siempre hay algo constructivo que ocupe su lugar. Lo

difícil es encontrarlo. Muchas personas tienen firmemente grabada en la mente la idea de que deben hacer que su vida sea más difícil. Para ellos el sufrimiento en sí es una fe religiosa. Todo aquel que tiene metas e ideales normales ya sufre bastante tensión e impresión de fracaso sin tener que añadir a ello la impresión inconsciente de culpabilidad. Ya hay bastantes oportunidades para el sufrimiento, siempre está presente la posibilidad de "una muerte rápida, y los dolores de parto". Se nos ha dado la vida no sólo para el dolor, sino también para ese desarrollo especial de la personalidad que las Bienaventuranzas definieron como el amor. El amor "lo sufre todo y es amable", incluso para el que ama.

Dolor y sufrimiento

NORMAN VINCENT PEALE

El sufrimiento y el dolor por los seres perdidos se alivia si comprendemos la nueva felicidad que están experimentando. Tal vez esto parezca una afirmación sorprendente, pero yo creo que es auténtica. Anhelamos "el roce de una mano que se ha ido, el sonido de una voz que está callada", lo cual es muy natural. Pero el dolor que perdura por un tiempo extremadamente largo es ilógico si se piensa en la dicha de los que se han ido. Como sugiere el Dr. Blanton, el dolor permanente es prueba de que algo anda mal en el subconsciente, o indica que no pensamos tanto en el ser querido que se nos fue como en nosotros mismos. El sufrimiento y el dolor pueden aliviarse mediante la comprensión adecuada del estado feliz de los que se fueron. Así, la fe se convierte en la respuesta al problema del dolor.

¿Qué les sucede a nuestros muertos? Un noble pasaje de la Biblia, del libro de Apocalipsis, responde: "El que está sentado en el trono extiende sobre ellos su tabernáculo. Ya no tendrán hambre ni sed, ni caerá sobre ellos el sol ni ardor alguno, porque el Cordero, que está en medio del trono, los apacentará y los guiará a las fuentes de vida, y Dios enjugará toda lágrima de sus ojos".

Este pasaje es, sin duda, uno de los más hermosos de toda la literatura, pero mucho más importante que su belleza es la visión profunda de una gran verdad sobre la vida humana, es decir: la felicidad de los muertos y la paz infinita de su existencia. Conocemos muy poco del carácter específico en lo referente a los muertos. Shakespeare lo definió a la perfección en una famosa frase, como "el país aún no descubierto y del que no regresa ningún viajero". Para un conocimiento más profundo de las cuestiones fundamentales de la vida y la eternidad, volvamos al Libro que, aunque no sea explícito acerca de este tema, abre pequeñas ventanas de pensamientos penetrantes a través de las cuales obtenemos vivos destellos de la verdad.

Resulta muy consolador saber que nuestros queridos muertos están seguros en un lugar de felicidad y paz. Cada uno de nosotros, al ver a un ser amado que se va a lo desconocido, partiendo con una sonrisa y un leve gesto de la mano, exclamamos con Tennyson:

> Ah Cristo, si fuera posible
> ver, por una breve hora,
> a los seres que amamos, y que ellos nos dijeran
> qué son y dónde están . . .

Sin meternos en especulaciones ni mostrarnos académicos sobre el tema, examinemos con sencillez este pasaje de la Biblia para ver qué puede decirnos sobre los muertos. En primer lugar nos asegura que están satisfechas las necesidades básicas de la vida, porque leemos: "Ya no tendrán hambre, ni sed". Quienes las conocieron recordarán claramente que algunos de sus deseos nunca fueron satisfechos. Tal vez sí padecieron hambre, hambre física. Dios tiene piedad de todos los muertos que sufrieron en este mundo al carecer de lo necesario para la vida. Sobre muchas lápidas se escribe el breve informe de una vida muy pobre. Y hay una gran tragedia humana en esos cuerpos que jamás fueron adecuadamente alimentados, ni alojados, ni vestidos; que sólo conocieron la opresión de la pobreza y de la lucha durante toda su vida, y para quienes los gozos de la existencia, en el sentido material, fueron breves y escasos. Sin embargo, en un sentido más profundo, esta declaración no se refiere al hambre física, ya que hay otra muy superior. Alfred Noyes, el poeta, lo expresó cuando dijo:

> Estoy bien alimentado y sin embargo tengo hambre.
> ¿Qué significa esta hambre más profunda de mi corazón?

¿Qué es esa hambre de que habla el poeta y a la que se refiere la Biblia? Es una inquietud interior, cósmica. Fundamentalmente no somos ciudadanos de este mundo, sino más bien, como dijo el gran escritor ruso Dostoievski, "ciudadanos de la eternidad". Tal vez esta inquietud, este anhelo por el mundo real del espíritu, fue captado y expresado con toda claridad por William Watson en uno de los poemas más notables, en mi humilde opinión, escritos en lengua inglesa. A veces lo he repetido ante mi congregación y he sentido un silencio como el de un atardecer de verano en una colina en el campo. Al menos por un momento hace el efecto de que se ha expresado un pensamiento tan profundo y una verdad tan grande que nos permiten participar de la serenidad de ese Infinito del que somos parte, calmando momentáneamente nuestros espíritus agotados y destrozados por el peregrinaje abrumador que es esta vida. Se titula "Extraños en este mundo". Pero escuchemos al mismo Watson:

El mundo se extiende extraño en torno a mí,
jamás bien conocido, aunque familiar,
todavía me turba con sorpresas
y me acosa como un rostro a medias conocido.

En esta casa de cúpula estrellada
alfombrada de llanuras y mares como gemas,
¿no me sentiré nunca en mi hogar
ni estaré nunca del todo en paz?

Voy de una habitación a otra
y no consigo ver jamás a mi anfitrión
y, hasta la fecha, ignoro todavía
si soy invitado o cautivo.

Por eso, bajo la cúpula estrellada
y en esta alfombra de mares y llanuras,
nunca me he sentido en mi hogar,
nunca he estado del todo en paz.

Esta hambre humana y profunda que en ocasiones sentimos todos y que, luchando bajo la superficie de nuestra vida, nos da una vaga inquietud, puede calmarse en este mundo viviendo cerca de Dios, lo cual significa vivir junto al elemento de la eternidad.

Nuestros muertos mostraron con frecuencia un anhelo profundo y fundamental de algo que este mundo no podía satisfacer. La Biblia nos dice que esa hambre ha sido calmada, y esa sed satisfecha. "Ya no tendrán más hambre, ni más sed". Ahora están en su hogar.

También nos dice ese pasaje de la Biblia que Dios les ha concedido su protección. "Extiende sobre ellos su tabernáculo". Esto nos hace pensar en una madre que va por la noche a ver al niño dormido y le arregla las mantas, le recoge el cobertor en torno para mantenerle abrigado y cómodo, y luego se inclina para darle un beso ligero y cariñoso, antes de salir quedamente de la habitación mientras el niño duerme en paz. Dios, con su gran corazón tierno, nos dice la Biblia, extiende un tabernáculo sobre ellos como la madre que cuida al niño que duerme. Yo siempre he sentido que este amor profundo, amable y protector, que tiene un lugar tan universal en el corazón humano, no es más que un reflejo del amor y ternura de Dios. ¿No es lógico suponer que el amor que hallamos en el corazón de hombres y mujeres imperfectos también ha de hallarse en el corazón de nuestro Dios, que es el Perfecto?

Hace unos años tenía yo un amigo, un alma buena. Era un hombre grande, tanto físicamente como de corazón. Una noche tormentosa sonó el teléfono de su casa y la voz angustiada de un amigo le contó una tragedia que acababa de sufrir. Una de las tragedias más desoladoras que pueden suceder a un hombre: la infidelidad de una esposa amada. Ella se había ido, había abandonado la casa. Estaba solo, con la triste convicción de que el amor que hubiera podido sentir por él había muerto. Dolorosamente, como un niño en la oscuridad, con el corazón abrumado, llamaba pidiendo ayuda. Mi amigo sacó inmediatamente el coche, condujo muchos kilómetros bajo la tormenta hasta la casa de aquel hombre, y le encontró destrozado por un dolor sin esperanzas. Entró sin una palabra, se dirigió a él, le pasó los brazos en torno y le dijo: "Vente conmigo".

Recogieron unas cuantas pertenencias y se metieron en el coche, donde el pobre hombre se encogió contra el hombro de aquel gran amigo. Me dijo después que, mientras avanzaban en la noche, no hablaron ni una sola palabra. ¿Qué podía decirse? La actitud callada de comprensión humana fue revelando su mensaje, y el que le llamara me contó después que, mirando el rostro fuerte y amable de su amigo iluminado por el resplandor de los rayos y reflejado en el parabrisas, le inundó una sensación de paz, de protección y de consuelo. Mi amigo había lanzado su tabernáculo sobre él. Del mismo modo Dios, que nos ama con amor infinito, ha extendido su tabernáculo sobre los seres queridos que ya nos han abandonado.

Pero ésta no es toda la historia consoladora que nos cuenta la Biblia sobre nuestros muertos. También añade que Dios les ha dado vida, radiante y hermosa como jamás la conocieron en este mundo, Dios les alimenta y les guía a las fuentes de vida, y enjuga las lágrimas de sus ojos. Nuestros seres queridos entran al morir en ese país desconocido y un Ser amable y generoso les recibe. Les alimenta, alimenta el hambre profunda de sus almas. Les lleva maravillados a grandes fuentes que lanzan sus aguas radiantes a la luz clara del sol. Así satisfacen su sed, que desaparece. Entonces, como una madre que coge a su hijo herido, le abraza contra su seno y le borra las lágrimas, así Dios sonríe a nuestros seres queridos, liberados de este mundo de sufrimientos y dureza, y enjuga las lágrimas de sus ojos.

La muerte siempre se ha pintado como un ángel oscuro, una figura siniestra. Yo me pregunto si no sería acertada y más exacta la metáfora de la llegada al hogar, junto a los padres. Conozco a un hombre que se sintió abrumado por los problemas. Es un hombre fuerte y de recursos, pero la vida le había dado muchos golpes y llegó un momento en que le resultó terriblemente dura. Entonces sintió el deseo profundo e irresistible de volver a la casa de su infancia y visitar a su anciana madre.

En cierto modo deseaba recobrar el entusiasmo y el celo por la vida que se habían agotado en su espíritu. Ya tenía muchos mechones grises y parecía querer confirmar la imagen que describió una vez Charles Lamb: "Nuestro espíritu encanece antes que nuestros cabellos".

Me dijo después que volvió al viejo hogar y que su madre, como todas las madres en cualquier época y cualquier lugar, quiso alimentarle, darle una buena cena como la que él solía tomar. Puso, pues, comida y bebida ante él, y le habló de asuntos familiares, íntimos y antiguos. Así era como calmaba la sed y alimentaba el hambre profunda de su vida. Estando él sentado a la mesa, la madre pasó a su lado y le puso las manos suaves, tiernas y arrugadas en la cabeza, como si supiera la carga que pesaba sobre él y el dolor que abrumaba su corazón, e intentara, como sólo puede hacerlo una madre, enjugar las lágrimas de sus ojos.

Según me confesó él mismo, en la calma de aquel lugar la paz vino a su espíritu y un nuevo entusiasmo por la vida nació en su corazón. Nuestros muertos han encontrado en el gran corazón paternal y maternal de Cristo el amor y la comprensión que nosotros hallamos en nuestros padres aquí en la tierra. Sus ojos, cerrados en la muerte, se han abierto a la luz de su hogar eterno.

Por tanto, les digo a los que lloran que, si hemos de creer las Escrituras, y yo sé que podemos creerlas, debemos estar seguros de que aquellos a quienes hemos "amado tanto tiempo y perdido ahora'', son felices y están en paz y dichosos porque se hallan en la casa del Padre, y el Padre está con ellos.

Jesús dijo una vez: ''En la casa de mi Padre hay muchas moradas. Si no fuera así os lo habría dicho. Voy a preparar un lugar para vosotros . . . a fin de que donde Yo esté, esteis vosotros también''. Este pasaje nos recuerda que El está allí y que, dondequiera que El esté, no puede ser sino un lugar de belleza, de felicidad y paz. Así, el dolor desaparece por nuestra fe en la bondad de Dios.

Pero hay otra fuente de dolor profundo en la que hemos de pensar. Es muy común y sutil, pues la persona corriente no la ve como un gran dolor que abruma el espíritu, privando a la vida de color y gozo. El Dr. Blanton tiene toda la razón cuando afirma que el dolor exagerado se deriva con frecuencia de la pérdida de los ideales y la fe.

Si se dice de un hombre que lleva una ''mala vida'', eso significa realmente que está viciada, que está llena de dolor. La maldad es un mecanismo de defensa del pánico en el caso de una personalidad agotada en su interior. Piensen, por ejemplo, en un borracho empedernido. ¿Qué le ocurre? A menos que se trate de un bloqueo psicológico, hay muchas probabilidades de que la vida esté atrofiada en su interior, que tenga recursos y personalidad muy limitados, y que crea que la única liberación es acudir a la botella. El problema con este método, aparte de los efectos tan obvios y tristes, se resume en tres palabras: que no funciona. Porque sólo trae más dolor. No se puede sacar una vida radiante de la botella. Sólo puede surgir de la mente, y de una mente en paz.

Muchas personas intentan satisfacer un hambre profunda y no saben cómo. Lo único que se les ocurre a algunos es la vida disoluta, la carencia de moralidad e incluso la disipación. Pero al parecer ese método sólo les lleva a la decepción, ya que cada vez en mayor número —y especialmente los jóvenes, pues estos siguen siendo sinceros y francos— vuelven a la experiencia religiosa como el único antídoto seguro para el aburrimiento. Vivimos en un momento confuso porque se ha perdido el camino, no sólo con respecto a la vida colectiva, económica y social, sino también en la vida individual. Puede decirse que las multitudes se ven agobiadas por el sufrimiento debido a la pérdida de sus ideales.

¿Cuál es la respuesta a esta situación trágica? No hay más que un filósofo que tenga la respuesta, el Hombre más sabio que ha vivido en este mundo: Jesucristo. Y ¿qué tiene El que decir? Dice, y la declaración demuestra un conocimiento supremo y un genio misterioso, que: "el reino de Dios está dentro de vosotros". Y, con eso, ¿que pretende decir? Sencillamente, que en cada uno de nosotros está Dios. Aunque le rechacemos, El sigue estando con nosotros porque jamás nos rechaza. Pero, a menos que le demos el control de nuestra vida interior, ni siquiera El puede hacer mucho por nosotros. Por débiles que seamos, en realidad tenemos poder para hacer ineficaz la obra de Dios en nosotros. Sin embargo, en cuanto un hombre le dice sinceramente en su interior: "Toma el control", comprende instantáneamente que el reino de Dios está en él, e inicia una vida radiante. El secreto de la felicidad está en ejercitar ese poder espiritual en nuestro interior. Digamos simplemente y de todo corazón: "Señor, Tu estás en mí, domíname". Y pronto la vida cobrará un poder y vitalidad nuevos. Cuando Jesucristo afirma: "El reino de Dios está dentro de vosotros", está diciendo lo que los sabios han dicho siempre, es decir: que en uno mismo está la respuesta a la propia felicidad. Este es el antídoto más seguro para el dolor profundo del espíritu.

Un domingo por la noche vino a la iglesia un joven de treinta y tantos años. Iba bien vestido, de acuerdo con la moda, y en todo su aspecto se advertía al tipo de joven de hoy en día. Tenía éxito en los negocios y, según me dijeron sus amigos más tarde, era muy popular en sociedad. Llevaba una vida en la que los ideales fácilmente corrían peligro, o incluso se violaban. Ni siquiera se le habría ocurrido actuar de otro modo. Sus hábitos y costumbres venían determinadas casi en su totalidad no por lo que él quería hacer, sino por lo que todo el mundo hacía.

Este modo de vida empezó a aburrirle y al fin le pareció vacía y carente de significado. No tenía costumbre de asistir a los servicios de la iglesia, pero una insatisfacción vaga y creciente le hizo venir esa noche en particular. Mientras asistía al servicio le dominó una clara impresión de paz. Me dijo más tarde:

—De pronto comprendí lo que era la vida cuando, de niño, se despejaba inmediatamente ante mis ojos un problema de aritmética, después de llevar mucho rato estudiándolo.

En las semanas siguientes este hombre alcanzó un elevado idealismo espiritual. No es que se convirtiera en uno de esos que presumen de santos, ni asumió una piedad excesiva, pero sí se transformó en una persona radiante, que obtenía felicidad de un manantial profundo e interior. Y ahora sólo hay que mirarle para saber que ha descubierto el secreto de la serenidad íntima. En una ocasión me dijo:

—Lo que me impresiona del cambio que ha sufrido mi vida es que, hasta ese momento, y en mi propia personalidad, yo tenía la capacidad para la felicidad, pero estaba cometiendo el error de buscarla fuera de mí.

El centro del dolor que había en su ser estaba curado. Porque el reino de Dios, el estado de paz y felicidad, *está en el interior de usted,* y allí es donde puede hallar el secreto de una vida más feliz.

Debe recordarse que la palabra evangelio significa la *buena nueva.* La buena nueva es que usted puede tener lo que más desea: paz mental y felicidad. El recipiente de la buena nueva es la persona verdaderamente feliz. La experiencia cristiana genuina actúa de tal modo sobre la mente del hombre que desaparecen las barreras que le impedían disfrutar de la vida y, aunque tenga problemas, adversidades y dolor, la canción de la dicha sigue sonando en su interior. El conoce la dureza de la vida pero, pase lo que pase, hay algo que mantiene viva la emoción y el gozo de vivir. En un sentido profundo ha obtenido el don de disfrutar de la vida. Nunca se siente saciado. Para él, la vida es siempre nueva.

El don de disfrutar de la vida es resultado directo del modo de vida cristiano. La filosofía cristiana dice: "Este es un mundo creado por Dios. He aquí la fórmula para vivir en este mundo lo más significativamente posible. El mundo tiene sus dificultades, pero seguir los principios de Cristo (algo con lo que usted disfrutará) será una experiencia de gozo y satisfacción". En ninguna parte dice la filosofía cristiana que usted estará libre de sacrificios y sufrimientos, sino al contrario: nos enseña que en esos mismos factores suele encontrarse a veces la felicidad más profunda.

¿Qué hay en la práctica de la religión que nos dota de la capacidad extraña de disfrutar de la vida, de vencer ese dolor que experimentan los que no han sabido encontrar el camino feliz?

El primer elemento es la presencia real de Dios. Saber que Dios simpre está presente, que Dios cuida de usted, le guarda y le guía. Con este gran conocimiento como núcleo de la filosofía, tenemos un centro en torno al cual organizar nuestra vida. De modo que dejemos que el mundo sea tan malo como quiera: sabemos que Dios está con nosotros y no desmayamos. La impresión de la presencia de Dios nos fortalece, nos da un áncora de salvación en las tormentas y una reserva de energía personal. No pretendo decir que conseguiremos esa fortaleza simplemente por alguna idea teológica acerca de Dios, o por una fe vaga en la divinidad, pero sí que, viviendo con Dios como amigo, El se nos hará tan real que será nuestro compañero día y noche. Entonces, aunque la vida sea dura, nuestro corazón seguirá feliz en nuestro interior porque contamos con la seguridad de Dios.

Conozco a un hombre que se ha visto abrumado por los problemas. Ha perdido la mayor parte del dinero, su familia ha sufrido diversas enfermedades y hace poco tuvo que vender la casa donde había vivido tantos años. Sufrió un golpe tras otro, un conjunto de adversidades suficientes para destrozar a cualquier hombre, o al menos lo bastante para privarle del gozo de la vida. Pero él estaba capacitado para enfrentarse a todos esos golpes. Estaba equipado con amortiguadores (internos) del dolor, que eran los que lo recibían sin dañarle. La paz y serenidad siguen en él. No le traicionarán los nervios. La vida sigue siendo buena y, a pesar de todos los problemas, vive feliz y contento. ¿Su secreto? Bien, a veces hay una mirada en sus ojos que resulta elocuente y reveladora. Para él, la presencia de Dios no es una teoría vaga, sino un hecho real que descubrió por sí mismo en la experiencia más dura que puede sufrir un hombre.

Otra cosa que hace del cristianismo la técnica más segura para disfrutar de la vida, es que el cristianismo nos dice que, para obtener placer de la vida, ésta ha de ser moral. ¿Cuál es, en general, el problema de llevar una vida de disipación? ¿Qué quebranta unas normas teológicas? ¡No! El verdadero problema es que nos priva de la vitalidad. El que vive mal ve desvanecerse el gozo de la vida. Es como el que bebe algo para animarse de momento y luego se le hace amargo y le deja mal sabor de boca.

El auténtico gozo de la vida está dentro, y no fuera, del hombre. Está en su corazón y su mente, no en su cuerpo físico. Un hombre moderno y sofisticado al que yo solía considerar un "rico pobre" más que un "pobre pobre", poque tenía ropas, dinero y toda las cosas de que éstos carecen, es ahora uno de los seres más totalmente felices que conozco desde que su carácter sufrió un cambio. Me lo ha dicho más de cien veces:

—No cambiaría un día de esta nueva vida por los cuarenta años que viví antes de descubrir que la religión puede hacer que un hombre disfrute realmente de la vida.

La fe es la respuesta a otra manifestación del dolor que viene causada por la falta de ideales. Nos revela que, cuando las cosas van mal, no se debe por lo general a las circunstancias exteriores ni a lo que nos rodea, sino a lo malo que hay en nosotros. La fe nos da una visión profunda y la capacidad para el autoanálisis sincero.

Hace algún tiempo vino a la clínica de la iglesia un hombre de unos veintiocho años, cuya historia era que "todo parecía ir mal". Tenía una personalidad atractiva. Parecía un atleta y lo era en realidad: jugador profesional de pelota base. Era todo un hombre; imposible no apreciarle. Sin embargo, su vida era un caos terrible. Provenía de una familia excelente y había disfrutado de todas las ventajas, pero parecía estropear cuanto tocaba. Ahora se había metido en algo deshonesto. En su opinión, mucha gente tenía la culpa de sus dificultades, y a todos ellos se la atribuía entera. Según recuerdo, ¡incluso culpaba un poco al gobierno! Al único al que no le echaba la culpa era a sí mismo, pero más tarde llegó a eso, y entonces, cuando lo comprendió, sus problemas comenzaron a desaparecer.

Al preguntarle por sus ideas religiosas contestó que había sido educado en la iglesia, pero que la religión carecía de importancia para él. Yo le indiqué que hay dos clases de cristianismo. Primero, el "cristianismo de forma". Según éste, uno pertenece a la iglesia y quizás incluso realiza alguna labor para ella. Este tipo de cristianismo produce gentes espléndidas: ciudadanos honorables, moralmente buenos, a menudo notables . . . en resumen, personas dignas de aprecio.

Pero después le dije que hay otra forma de cristianismo, al que llamamos "cristianismo del poder". Con éste uno experimenta el poder espiritual en lo más profundo de su ser. Es como encender una luz en un cuarto oscuro, o poner en marcha un motor poderoso. Establece contacto con esa fuerza tremenda que llamamos Dios, y hace que la energía espiritual inunde nuestra vida. Según el primer tipo de religión, uno *trata* de ser bueno, pero, con el segundo, uno desea ser bueno con tanta sinceridad que *ya lo es*, y una fuerza interior le ayuda a serlo. Como la diferencia entre remar en un bote utilizando la energía física o instalar un motor poderoso en la barca.

El joven se interesó y dijo:

—Me gustaría tener ese tipo de religión. ¿Cómo se consigue?

Yo le expliqué que, para conseguirlo, debía entregar su vida a Jesucristo.

—¿Quiere decir —preguntó— que debo convertirme?

—Lo ha adivinado —le contesté.

Así lo hizo, entregó su vida a Cristo muy en serio, y eso le transformó. Veamos qué sucedió.

Pocos días después vino a visitarme de nuevo y dijo:

—¡Ya lo veo!

—¿Qué es lo que ve? —le pregunté.

—Veo lo que está mal —contestó—. Y lo único malo soy yo mismo.

—¿Y cómo llegó usted a esa conclusión misteriosa?

—Bien, después que me convirtiera el otro día, algo en mi interior dijo: 'Sé sincero contigo mismo. Sabes que tú eres la verdadera razón de que todo vaya mal'. Pero —continuó—, ahora ya no irá mal porque mi personalidad ya no está en el error. Creo que al fin he hallado el poder auténtico —y los sucesos subsiguientes demostraron que había resuelto su problema.

Por supuesto, hay muchas personas cuyo problema no es ético ni moral. ¿Cuál es entonces? Con frecuencia que piensan demasiado en sí mismos y muy poco en Dios. Por eso todo parece irles mal. Si usted empieza a pensar en Dios y a reafirmarse que Dios está en su vida y que El puede darle poder, entonces *tendrá* poder sobre todas las circunstancias.

En *Lo que el viento se llevó,* Margaret Mitchell describe todas las penalidades que sufrieron las gentes del Sur después de la Guerra Civil. Uno de sus personajes, al hablar de un caballero sureño que había sufrido grandes adversidades y se había derrumbado bajo el peso, dice: "Estaba vencido en su interior. Quiero decir que, lo que no pudo lograr nada de este mundo, lo logró su corazón". Y el sencillo filósofo del Sur continuá: "No hay nada en el exterior que pueda acabar con nosotros".

Lo que Margaret Mitchell pone en boca de este personaje es cierto. Las gentes vencidas por la vida podrían ganar si aprendieran a tener un corazón más fuerte. Y ¿cómo se consigue eso? La pregunta es: cultivando a Dios. Entonces tendremos fe y fuerzas para todas las crisis.

La fe es la respuesta a ese dolor profundo que subyace en el espíritu del hombre desgraciado e insatisfecho. La fe nos libera de la carga. Por eso se oye cantar con frecuencia a las grandes congregaciones el himno "Me gusta contar la historia". Al perder vitalidad los ideales, la vida se empobrece y llega el dolor. Pero al renovarse la fe, la vida parece fresca de nuevo y se vence al sufrimiento. Entonces uno se siente feliz que no puede por menos de cantar.

CAPÍTULO 7

ALIVIO PARA LOS SOLITARIOS

Alivio para los solitarios

SMILEY BLANTON

La mentalidad infantil es de egoísmo total, está concentrada en sí misma. Esto cambia a medida que va creciendo el niño, pues devuelve parte del amor que los demás le conceden. Pero todo individuo debe conservar un poco de aquel primer egoísmo para ser realmente feliz. Porque el desprecio de sí mismo es morboso. No sólo nos impide obtener amor, sino también dar amor a otros.

Hay tres causas que pueden producir una reacción morbosa durante el periodo infantil del aprendizaje. A veces, el padre a quien se ama no devuelve el cariño de modo plenamente satisfactorio. Otras veces entrega tanto amor que, el que lo recibe, teme ser dominado por completo. O bien el ser amado quizás exija un precio demasiado alto por su amor, demasiada obediencia, demasiada pasividad. En cualquier caso, el niño se repliega en sí mismo, cosa que nunca debería hacer.

El niño, agobiado por cualquiera de esas situaciones, teme entregar su cariño a los demás. Esa timidez engendra desconfianza y hostilidad, que más tarde pueden convertirse en desconfianza y hostilidad hacia el mundo entero. Es muy probable que este individuo se encuentre solo y sin amigos.

Resulta fácil esperar lo imposible de la vida y creer que ésta nos deparará inevitablemente camaradería y diversión. Por eso debe examinarse la soledad que surge de la incapacidad para hacer amistades.

La señora Ruth K. vino a la clínica de la iglesia para hablar con el pastor sobre su imposibilidad de hallar satisfacción en la vida con ayuda de la religión. Pensaba que tal vez hubiera cometido algún pecado que la privaba de la paz que debería gozar con una vida religiosa normal.

También consultó al psiquiatra, al que refirió la historia siguiente: Había crecido en una ciudad pequeña del estado de Nueva York. La vida en su hogar no era feliz. Los primeros recuerdos que tenían eran de las peleas de sus padres. El padre era egoísta y la madre criticona y pesada. Ninguno de los dos cedía en nada y, cuando Ruth tenía unos ocho años, se divorciaron. Ella y su madre fueron a vivir con una hermana de ésta, mientras que el hermano de Ruth, algo mayor que la niña, se quedó con el padre. A éste apenas le veía Ruth y, después de los quince años, ya no volvió a verle. Ni siquiera sabía si estaba vivo o muerto.

Tras el divorcio se encerró en sí misma y se volvió taciturna. Triunfó en el colegio y en la universidad, pero tenía pocos amigos. Al acabar en la universidad encontró un buen trabajo en la ciudad donde vivía con su madre y su tía.

A los veintitrés años conoció a un joven encantador, aunque bastante inútil, y se casó con él. Pero "de tal palo tal astilla". Empezó a criticar en exceso a su marido por sus derroches en las compras, su descuido y la falta de iniciativa que le impedía triunfar en los negocios. El acabó por abandonarla, dejando su trabajo y largándose al otro extremo del país.

Entonces Ruth se sintió incómoda. Incapaz de quedarse en el mismo lugar después de aquella experiencia, se marchó a Nueva York, donde encontró otro buen empleo. Llevaba ya unos diez años en la ciudad cuando vino a nuestra clínica.

No tenía un solo amigo en la ciudad. Se iba a casa tras el trabajo, se hacía la cena, escuchaba la radio y se acostaba. Afirmaba tercarmente que la verdadera causa de su soledad era lo difícil que resulta hacer amistades en un lugar como Nueva York. Por supuesto, es difícil que un recién llegado tenga amigos en una gran ciudad, pero también está claro que en el caso de una joven atractiva de poco más de treinta años, toda la culpa no podía ser de la ciudad.

Unas preguntas prudentes y comprensivas sacaron a relucir los hechos siguientes: cuando se trasladó a vivir a Nueva York compartió el apartamento con una amiga de la universidad, una chica agradable y afectuosa. Pero Ruth K. no hacía lo que le correspondía del trabajo de la casa, ni siquiera llegaba a abonar toda su parte de los gastos, y además criticaba sin reserva a los amigos de su compañera de apartamento e indirectamente a esta misma. Al cabo de seis meses, la amiga dio por cancelado el arreglo y, a partir de ese momento, Ruth K. vivió en un hotel para señoritas.

En su opinión, los hombres, incluso los compañeros de trabajo, eran estúpidos, de mente pueril. Sin embargo, y mediante las preguntas, se supo que había varios hombres interesantes en el grupo, y varios matrimonios de su propia edad y ambiente. También estaba a su alcance la asociación de antiguas alumnas de la universidad, y el club social de la iglesia, pero no se había molestado en acudir a ellos.

Su actitud crítica hacia el mundo, y la soledad consecuente e incluso la tragedia de su matrimonio, surgían de las experiencias de su infancia. Cuando empezó a comprenderlo, cambió su actitud. Con ciertas dudas, se unió a algunos grupos de la iglesia y, más tarde, a una sociedad dramática. Estos intereses la llevaron a nuevos conocimientos y, al fin, pudo tener amigos.

El individuo narcisista al que las circunstancias han obligado a guardar todo su amor para sí mismo y en su interior, experimenta inevitablemente una impresión de amargura y cólera hacia el mundo entero.

El padre de la señorita Eleanor Z. era un médico de éxito, pero todos le juzgaban un hombre frío e indiferente, e incluso con ella, su hija única, se mostraba reservado y distante. La madre había muerto al nacer Eleanor y el padre no se casó de nuevo. Su actitud hacia la hija era la de un amigo cortés. Ella no estaba segura de su cariño, ni siquiera de una relación emocional entre ambos. Creció solitaria y desgraciada.

Después de graduarse en la universidad se especializó en química y llegó a ser una investigadora magnífica. Fue avanzando notablemente en su terreno y recibió un ascenso tras otro. Pero cada vez se reconcentraba más en sí misma, se alejaba más y más de los compañeros y su actitud mental no era sana. Empezó a tener una impresión constante de fatiga, de tensión mental. Al fin sufrió de úlcera de estómago, y luego de insomnio. No abandonó su trabajo durante este período difícil, pero se convirtió a los ojos de todos en una persona dura, amargada, casi arisca. Sus ayudantes la temían e incluso los que la conocían mejor pensaban que carecía de los sentimientos humanos más normales.

Un día, una mujer que vivía en el apartamento vecino, y a quien conoció por casualidad, le preguntó si no desearía oir una serie de conferencias sobre higiene mental y religión. A falta de algo mejor que hacer, fue a la primera. Con gran sorpresa por su parte, le resultó interesante y asistió a toda la serie. Entonces solicitó una entrevista en la clínica de la iglesia.

Unas cuantas consultas revelaron que sus modales amargos y su narcisismo inconsciente eran superficiales. En realidad, ella sentía grandes deseos de relaciones humanas normales. A esto siguió un cambio notable. Empezó a asistir de nuevo a la iglesia, y llegó a ser una trabajadora constante en muchas de sus organizaciones prácticas. Cambió su personalidad, desaparecieron sus enfermedades, hizo amistades. Inconscientemente había estado trabajando hacia la solución de su problema por sí misma, ya que sin ello el tratamiento no habría tenido resultados tan notables y en un tiempo tan breve. Incluso una personalidad narcisista y agresiva puede transformarse mediante la autocomprensión adecuada.

Pero no todas las personas aceptan sugerencias ni consejos. Algunas se oponen con violencia a cualquier cosa que se les sugiera.

John G. vino a la clínica de la iglesia después de haber oído una de las charlas radiofónicas del pastor. Era un ser solitario, desgraciado, criticón e incomprendido. Su actitud crítica era valiosa en su trabajo, ya que era agente de compras, y muy eficiente, de una corporación importante. Pero es que él trasladaba su actitud crítica y antagónica a la vida social y personal. Por muchas sugerencias que se le hicieran, las discutía con violencia y se negaba a aceptarlas.

Si un asociado suyo le decía, por ejemplo: "John, vamos a almorzar juntos", aunque él lo deseara realmente, rechazaba la invitación alegando que todavía tenía mucho trabajo sobre la mesa. Naturalmente casi no tenía amigos, y desde luego ninguno íntimo. Al rechazar los avances más amistosos mantenía a todo el mundo a distancia.

Pero John G. opinaba que los demás tenían la culpa. La gente trataba de aprovecharse de él, querían obligarle a hacer cosas que él no deseaba, y no hacía más que defenderse contra ellos. Sin embargo, de corazón sospechaba realmente que algo andaba mal, y por eso pedía ayuda. El hecho de que viniera voluntariamente a la clínica de la iglesia lo demuestra.

Se había educado en un ambiente presbiteriano muy estricto. Su madre, a la que amaba con devoción extraordinaria, le había inculcado las enseñanzas del cristianismo. Pero el amor excesivo que sentía hacia su madre, y el de ella hacia él, habían empezado a amenazar toda su vida emocional adulta. En sus esfuerzos por escapar a ese amor había rechazado también el afecto de los demás. Tan exagerado era su rechazo, que se negaba a aceptar afecto de nadie, y hasta el simple acercamiento de otra persona le parecía una agresión. Al fin comprendió que su reacción contra unos lazos demasiado abrumadores con su madre habían sido la base de su negativismo.

Las personas solitarias luchan constantemente por conseguir un mayor grado de satisfacción emocional. A veces se aferran a simples conocidos, o luchan con una energía digna de mejor causa para lograr que una relación sin importancia sea significativa para ellos. Pero, aunque siempre hay lugar en la vida para las amistades superficiales, los amigos íntimos son pocos.

El primer desarrollo normal en la vida emocional de May M. se había visto frustrado de modo algo peculiar por una madre amable, aunque narcisista. May pasó su primera juventud tratando de obtener el afecto y calor de su madre, pero al fin se rindió. Una vez mayor, siguió tratando con todas sus fuerzas de obtenerlo de sus amigos. Charlaba con ansiedad de colegiala con sus conocidos, y sólo con que estos respondieran algo a su entusiasmo, les recompensaba con un relato largo y detallado de toda su vida y de la desilusión sentida en su trato con la gente. Pero, aunque sus amigos callaran, sentíanse molestos por estar obligados para con ella y rechazaban sus invitaciones, que en otras circunstancias habrían aceptado, al darse cuenta de que así quedaban aún más obligados para con May.

La madre de May M. le había pagado los estudios universitarios le había llevado la casa, hecho sus comidas y su colada, e incluso había preparado las fiestas de su hija, sin permitirle que le ayudara en lo más mínimo. Pero el pago que exigía era la dependencia total de su hija. Esta tenía que contárselo todo, sin reservarse nada, y dejar que la madre tomara todas las decisiones.

—Piensa en todo lo que he hecho por ti —le repetía su madre una y otra vez. Al fin May se casó para escapar de ella. Sentíase tan amargada y tan enemistada con su madre que no quería ni verla.

Entonces, con esa curiosa necesidad que experimenta el subconsciente por repetir el esquema de la vida de los padres, empezó a asumir las mismas características de la madre y al final su marido y sus amigos la abandonaron, como escapara ella anteriormente. Cuando trataba de explicarse la huida de los demás, pensaba en todas las razones menos la adecuada. Sin embargo, su problema adquirió tales proporciones que al fin se vio forzada a examinarse y a tratar de deshacer aquella confusión creada por ella misma.

Todavía hay otro tipo de individuo solitario que encaja mal en la comunidad. A veces es una persona superior que trata de adaptarse a un ambiente inferior. A veces no ha acertado en su matrimonio, aunque trate de sacar el mejor partido posible de él. Normalmente se trata de una persona insegura de sí misma, y a sí misma se culpa, no al ambiente, por lo que cree que debe cambiar.

Emily B. era una mujer muy inteligente. Su padre había continuado el negocio familiar de ferretería, aunque su verdadero interés era la arqueología. Dedicaba todo su tiempo libre a la lectura de obras de arqueología o a la búsqueda de flechas, cacharros y demás restos de la cultura india. Llegó a ser experto en la civilización india de su región.

Al hermano de Emily sí le atrajo el negocio de ferretería, pero ella siguió las tendencias escolásticas de su padre. Vivían en una comunidad suburbana donde la mayoría de los jóvenes estaban interesados únicamente en pasarlo bien. Emily tenía pocos amigos, ya que casi todos los chicos la consideraban una intelectual pedante. Sin embargo, le gustaba bailar y pasear, pero lo que deseaba sobre todo era tener amigos con los que poder hablar de las cosas que le interesaban. Siempre trataba de reprimir sus deseos de hablar de temas como la obra de E. E. Cummings, o los libros de autores como Gertrude Stein, o de James Joyce. Pero no había ni un solo joven en su comunidad al que le interesaran esos temas. Le entró el temor de ser algo rara, y de que la soledad la hiciera quizás más rara todavía.

Le llevó algún tiempo comprender que era una persona completamente normal y que lo único que ocurría era que no estaba en el ambiente adecuado. Cuando empezó a buscar fuera de su comunidad gentes de aficiones similares, el problema quedó resuelto.

La soledad es algo que se da por sentado en demasiadas ocasiones. Hay veces en que la soledad es inevitable pero, antes de aceptarla como tal, debe examinarse la posible fuente inconsciente.

Alivio para los solitarios

NORMAN VINCENT PEALE

Al hacer una lista de las mejores novelas del mundo, un eminente catedrático de literatura puso en primer lugar este clásico emocionante: *Robinson Crusoe.* Justificó su decisión sobre la base de que no sólo es la primera novela inglesa, sino que está sacada, como debe ocurrir con las grandes obras, de un hecho fundamental de la experiencia humana. Porque una gran novela debe basarse en una verdad profunda sobre la vida. Y *Robinson Crusoe* cumple este requisito con genio notable.

Se describe en ella al hombre enfrentado al destino más terrible: la soledad. El clímax del libro, que siempre ha emocionado a los lectores, es el capítulo en el que se encuentra la cura para la soledad. Cada día se dirige Crusoe a su puesto de vigilancia donde ha atado un paño al extremo del palo. Allí queda en pie mirando el mar, cubriéndose los ojos con las manos, buscando una vela blanca en el horizonte vacío.

Inmóvil y vestido de harapos, la piel bronceada, el pelo largo y descuidado, los hierbajos de la playa a sus pies y completamente solo, es una figura trágica. Anhela el contacto de una mano humana, el sonido de una voz humana, el gesto amistoso de un rostro humano. Cuando ha visto frustradas sus esperanzas, una vez más da la vuelta y entonces se detiene atónito por la sorpresa, pues ante él, sobre la arena de la isla que él juzgaba desierta, hay unas huellas indudablemente humanas y que no son las suyas.

Con menos dramatismo, aunque con la misma emoción, es posible que todo hombre, a lo largo de su vida, se encuentre como Crusoe en la isla desierta de su espíritu. En realidad hay una soledad fundamental que acosa a todos los que meditan profundamente en la experiencia humana. Al nacer, el hombre entra en este mundo solo, y procedente del silencio. Aquí acaba por estar íntimamente relacionado con los demás mediante los lazos del amor y la amistad. Sin embargo, permanece en él una nostalgia mística, como si no perteneciera realmente a este mundo, sino que fuera, como dice un himno antiguo, "un peregrino y un extraño". La literatura, el arte, la música, todos los medios con que se ha expresado el hombre, avalan esta soledad cósmica.

Escultores, pintores y escritores nos han dado la idea de que no somos espíritus aislados que viven los años que se les concede vivir, sino elementos en el fluir incesante de la eternidad. Sir James Jeans, científico eminente, llegó a la misma conclusión cuando escribió «Tal vez la conciencia de cada individuo sea una célula cerebral de una mente universal».

Según Jeans, nosotros no vivimos como entidades distintas por un tiempo limitado, sino que avanzamos por la vida, según lo que se llama la vida humana, y llegamos al fin no a la extinción, como si nuestros propósitos se hubieran cumplido, sino a un funcionamiento mejor en otra capacidad dentro del proceso interminable de una mente cósmica de la que cada uno de nosotros somos parte constituyente. Es una idea noble que tal vez explique esa soledad vaga que el hombre meditativo experimenta de vez en cuando como si, en cierto modo, no perteneciera realmente a este mundo y sintiera la nostalgia de una tierra mística que atrae hacia ella sus pasos inquietos.

El Dr. Blanton ha presentado varios estudios concretos de experiencias personales, en los que se demuestra que la soledad anormal afecta adversamente la felicidad personal. A mí me gustaría demostrarles ahora que la religión no sólo resuelve esa soledad cósmica descrita anteriormente, sino también que puede curar la soledad que experimentamos en ocasiones debido a las experiencias y circunstancias de nuestra vida.

La experiencia como pastor me ha demostrado claramente que el cristiano auténtico jamás es víctima de la soledad. Cuidado, he dicho un *cristiano auténtico,* y eso, por supuesto, no se refiere a todo el que va a la iglesia y recita de rutina el Credo. El verdadero cristiano es el que trata de vivir sinceramente según el espíritu de Cristo, el que posee una confianza sencilla y domina las técnicas provechosas de la fe. Este tipo de cristiano tiene una actitud amistosa y comprensiva hacia toda la humanidad. Es amable en sus relaciones y posee un espíritu generoso que es muy capaz de elevarlo sobre las fricciones de cada día. Además, ha aprendido a dominar la timidez y la sensibilidad exacerbada, ya que ha vencido el egocentrismo que las origina. El espíritu cristiano que actúa en él le hace demasiado grande para esa ruindad cicatera que destruye las amistades y deja al ser humano solo y en el olvido.

He observado también que, aunque las circunstancias le obliguen a estar muy solo en ocasiones, el cristiano auténtico no se siente solitario, ya que tiene recursos interiores a su disposición y, en consecuencia, siempre se encuentra en buena compañía. Así como el que toma una baraja y hace solitarios pasa las horas de modo agradable porque disfruta con su propio juego, el hombre de nobles pensamientos puede dedicarse a solas al juego de la vida porque siempre le resultará interesante. El factor importante es lo que uno tiene en la mente.

William Lyon Phelps, en su *Autobiografía,* nos dice que el hombre más feliz es el que tiene los pensamientos más interesantes. Muchas personas están solas porque viven en casas vacías, si tenemos en cuenta lo poco que hay en su mente. Marco Aurelio observó sabiamente que "el hombre ha de estar bien fundamentado y construido en su interior, o el templo caerá en el polvo". Y añade que "la felicidad de nuestra vida depende de la cualidad de nuestros pensamientos".

Edna St. Vicent Millay nos avisa así:

> Aquel cuya alma no es más que una llanura,
> verá caer sobre sí lentamente el cielo.*

Muchas personas no leen nunca nada que valga la pena. Otros jamás leen en absoluto, aparte de los titulares de prensa. Hasta qué punto llega la indiferencia a la buena lectura se comprueba por el éxito de los tebeos y revistas ilustradas. El que llena su mente de grandes pensamientos almacena un tesoro no sólo para el cielo, sino para aquí mismo y ahora; un tesoro y unos recursos con los que vivir felizmente, ya que se sentirá lo bastante interesante como para que la soledad sea imposible.

El arma del cristiano contra la soledad es su fe. Mediante la fe está capacitado para triunfar contra la soledad en cualquiera de sus formas. En primer lugar, la fe le lleva a la iglesia. La iglesia es el club supremo, el conjunto de todo aquello que une a los hombres. Nuestra época, consciente de la necesidad de amistad que tiene el hombre, ha creado clubs en los que se recomienda que los socios se saluden y se den un golpecito amistoso en la espalda.

**Renacimiento,* Harper & Brothers, Nueva York.

Esto es para compensar la pérdida de las buenas relaciones de antaño, el compañerismo que prevalecía cuando las comunidades eran más pequeñas y la vida menos apresurada. Todo eso está bastante bien, pero se precisa de una amistad que profundice más en la experiencia del hombre.

Sólo la iglesia facilita esa amistad más profunda. Una congregación religiosa, reunida para adorar a Dios, es diferente de un público cualquiera. En la iglesia late ese lazo intangible que une a los que buscan juntos a Dios. Puede que un hombre entre en una iglesia de la gran ciudad sin conocer personalmente a nadie de la congregación, pero, si la iglesia vive sinceramente el espíritu del cristianismo, esa sensación de aislamiento se disipa al comprender que todos son hermanos en su relación con un Dios común. Porque todos creen que ésta es la casa de Dios, el verdadero hogar del alma, y que hay hermandad porque hay un padre común, Dios Padre.

Cuando un hombre entra en una iglesia así, la mente abrumada por su constante lucha contra el desánimo, el dolor, la tentación y el pecado, mira en torno y sabe que los demás adoradores sinceros exponen ante Dios problemas idénticos. La impresión común con respecto a lo fundamental de esta vida forja una amistad y una comprensión sin palabras en la que la persona solitaria halla satisfacción.

Por supuesto, algunas iglesias no ofrecen este ambiente; se han tornado frías, formales, estereotipadas. Sin embargo, donde existe una auténtica religión vital, la iglesia se convierte en el club de amistad más sincero, el lugar donde se comparte la experiencia del hombre con Dios. Un vendedor de una ciudad del Oeste me ha comentado que le ayuda mucho asistir a nuestro servicio entre semana, en sus viajes frecuentes a Nueva York. Aunque no conoce a ninguno de los presentes, siente valor y fuerza al mirar los rostros que le rodean porque, según dice, ve en ellos la luz de la fe y la bondad. Esta compañía disipa su soledad y le ayuda en sus responsabilidades del negocio al día siguiente.

La amistad que se halla en la iglesia disipa la soledad y crea unidad de espíritu entre los que acuden juntos a un lugar elevado. Es el lazo de aquellas que se lanzan con camaradería a una gran aventura. Es la comprensión de los hombres que han sentido el mismo anhelo, que han experimentado juntos la presencia de Dios, y que hablan el mismo lenguaje del espíritu.

Hace algunos años formaba parte de la congregación un viejo

maravilloso, uno de los espíritus mejores que he conocido. Era un hombre de negocios de éxito. Conocía personalmente a Dios como ningun otro ser humano y, aunque yo era oficialmente su pastor, nuestros papeles respectivos se invertían en ocasiones. Cuando yo necesitaba nueva inspiración y valor, hablaba con él, y jamás le dejaba sin sentirme animado. Daba buenos consejos, pero sobre todo te acercaba a Dios y, mediante sus palabras, te sentías capaz de atacar con vigor todos los problemas.

Recuerdo la última visita que le hice. Fui en coche una tarde de otoño hasta su casa de verano, verano que él solía prolongar. Subí a las montañas y luego bajé a un valle. Junto a un arroyo, cruzando sobre un puente blanco, estaba la granja, que ya contaba más de un siglo, donde él naciera y donde moriría al fin. Subí al porche delantero y llamé a la puerta. La abrió el viejo mirando la noche y sosteniendo una lámpara de queroseno anticuada sobre la cabeza. Con una sonrisa y una palabra de bienvenida me hizo entrar a un salón de mobiliario pasado de moda. Encendió la luz con dedos temblorosos y hablamos. Antes de que yo me fuera, sacó la Biblia, muy gastada, la sostuvo entre sus manos de anciano y leyó en tono amable un pasaje del volumen sagrado. Luego nos arrodillamos a rezar, como otros hombres se habían arrodillado en aquella granja americana durante cien años, en el salón anticuado y a la luz suave de la lámpara. Miré su rostro mientras rezábamos, un rostro maravilloso, arrugado por la edad, pero también el rostro de un niño que hablaba con su padre.

No fue la plegaria breve del que tiene poco que decir. Fue la plegaria de un hombre, de un cristiano viejo hablando a su Dios, pues con Dios prefería hablar antes que con nadie. Mis rodillas estaban dolorosamente conscientes del suelo cubierto con una alfombra muy fina, pero, a medida que fuimos "elevándonos" en la plegaria, el cansancio me abandonó, la tierra pareció alejarse y en cambio sentí más próximo a Dios. Los americanos se han arrodillado en salones parecidos a lo largo de toda nuestra historia, y las plegarias ofrecidas por hombres como aquel amigo mío fueron las que ayudaron a crear esta república. Una comunión así fue la que hizo que los hombres vieran y comprendieran la grandeza, el romance y la espiritualidad de la vida.

Al dejar el valle y subir a las montañas, miré atrás y vi la casita con la luz en la ventana. Entonces recordé la letra de un himno antiguo:

Bendito el lazo que une
nuestros corazones en amor cristiano.
La amistad de las gentes afines
es un lazo semejante a éste.

Y una amistad así sólo se encuentra en la iglesia. El ingreso en esa amistad fue lo que disipó la soledad de las personas que menciona el Dr. Blanton en su sección de este capítulo. En la iglesia encontraron, no sólo la energía que da significado y gozo a la vida, sino asimismo la alquimia de la amistad cristiana. Participaron de esos sentimientos no sólo mediante la adoración en la iglesia, sino a través de las distintas organizaciones que la iglesia ha creado para el servicio, el gozo y el enriquecimiento del contacto social bajo unos auspicios que garantizan personas dignas e interesantes.

Lamento no tener espacio suficiente para relatar algunas historias de gentes modernas que vinieron a la ciudad de Nueva York procedentes de todos los rincones del país y que, estando solos y viviendo en circunstancias difíciles, hallaron nueva vida en nuestros grupos juveniles. Por un camino u otro han llegado a nuestra clínica solos y desanimados, y después los he visto, con cientos de jóvenes más, en nuestro grupo de los jueves por la noche —grupo de jóvenes adultos— o en otras organizaciones juveniles, venciendo el egocentrismo exacerbado que les hacía víctimas de la soledad y, en consecuencia, de su fracaso. Nuestros clubs masculinos, organizaciones femeninas y clubs de mujeres de negocios, reunen a más de un alma dichosa que al fin ha descubierto, en el ambiente amistoso y espiritual de la iglesia, una relación genuina con buenas personas que hace que la vida valga la pena vivirse.

Nuestra iglesia tiene un lema que ha hecho tanto bien o más que algunos sermones: "Donde aún sobrevive la vieja amistad de otros tiempos". Las iglesias que están en el corazón de las grandes ciudades, lo mismo que todas las demas, pueden hacer mucho bien al recalcar que el interés y la cordialidad humanas están relacionadas con la religión auténtica, que ayuda a curar a las personas modernas de las enfermedades de la personalidad originadas por la vida de aislamiento tan común en nuestros días.

La fe es la respuesta al problema de la soledad. Como pastor he visto pruebas de esta afirmación, y en demasiadas ocasiones, para tener aún dudas al respecto. Piensen en la soledad de quien ha perdido un ser querido. Durante algún tiempo su única reacción es de soledad aguda; la angustia de la separación por la muerte. El que ha quedado en este mundo piensa en el objeto de su amor con dolor y sufrimiento. El peligro está en que ese dolor llegue a ser anormal al reconcentrarse uno en sí mismo, con lo que sólo siente amargura ante un mundo que se le ha hecho odioso. Miles de personas sienten hoy en día que su vida se desintegra porque no han desarrollado la fe suficiente para enfrentarse al dolor que asalta su personalidad.

El hombre de fe, aunque sufra el dolor de la muerte de un ser querido, cree al mismo tiempo que "todas las cosas son para el bien de aquellos que aman a Dios". Cree que la alma es inmortal y que Dios es un Ser de amor absoluto en el corazón. Se vuelve a Dios en busca de consuelo, y el Señor no le decepciona. Si su fe es bastante fuerte, tiene conciencia de la compasión y protección divinas, hasta tal punto que la soledad se desvanece y la impresión de compañía ocupa su lugar.

Yo siempre había predicado sobre el poder de la fe en momentos de dolor. De pronto, un día, murió mi madre de repente, cuando aún era relativamente joven. Fue la primera pérdida personal que experimentaba y me pregunté si mi fe soportaría la prueba. Cuando me vi forzado a ello, vi que sí funcionaba. Hice lo que tan a menudo había aconsejado a otros. Confié por completo en Dios, le pedí consuelo y acepté el que me ofreció. Yo había estado con mi madre en su casa, en el estado de Nueva York, hasta las doce de la noche la víspera de su muerte, y la había dejado para coger un tren nocturno. Iba alegre, pues parecía recuperarse de su enfermedad.

Cinco minutos después de mi llegada a Nueva York, a la mañana siguiente, recibí la dolorosa noticia de que acababa de morir. Luché contra el shock y el dolor en mi despacho de la iglesia. Mientras estaba en pie junto a la mesa, tuve la experiencia más extraordinaria de mi vida. Por casualidad, mis manos descansaban sobre una Biblia, y yo miraba a la calle. De pronto sentí que dos manos unidas se apoyaban ligeramente en mi cabeza, más suave que una pluma y sólo por un segundo, pero inconfundibles y claras. Fue como si mi madre, conociendo mi angustia, tratara de acercarse a mí desde otro mundo para consolarme. Admito todas las objeciones fáciles que me harán contra la realidad de esta experiencia, pues también en mi mente discutí si la experiencia sería real, pero la impresión de la presencia de mi madre, incluso del roce de sus manos en mi cabeza, tiene, al menos para mí, toda certeza.

Y eso no fue todo. Al día siguiente, al llegar a la casa familiar, relaté mi experiencia a mi padre, hombre de mente científica y eminentemente práctico. Le hablé con cierta vacilación porque conocía su escepticismo con respecto a tales fenómenos. Con sorpresa por mi parte, me dijo que a él le había ocurrido algo similar unas dos horas despuês de la muerte de mi madre. Contó que, saliendo al jardín y entrando en el invernadero, se sentó abrumado por el dolor de su corazón destrozado. Sentía que una fuerza irresistible se había llevado a su esposa y que ella había desaparecido para siempre. Dejó caer la cabeza entre las manos, sobre la mesa, y se echó a llorar. De pronto le pareció sentir la presencia de mi madre como si ella estuviera a su lado. La impresión fue tan real que alzó la vista casi esperando verla allí. Advertía en ella un calor, un éxtasis que era distinto a todo lo de este mundo, un gozo sobrenatural. Entonces sintió que mi madre le pasaba la mano suavemente por la frente, luego sus brazos le rodearon el cuello y creyó sentir, más que oir, que ella pronunciaba su nombre con la entonación familiar de su voz. Mi madre le dio la impresión inconfundible de que era perfectamente feliz y disfrutaba de un gozo radiante, más allá de todo lo que había conocido en este mundo.

No tengo competencia para analizar científicamente estos incidentes íntimos y tiernos, ni me interesa examinarlos a esa luz. Los he mencionado por la fuerza y claridad con que llegaron a dos mentes muy distintas, como resultado de una combinación de necesidad y fe. Fueron de gran consuelo y calmaron nuestra soledad, en primer lugar porque nos convencieron de que nuestro ser querido se hallaba en un lugar de gran paz y mucho más feliz allá que en este mundo de dolor, y en segundo lugar por la seguridad mística de su proximidad. No puedo responder a la pregunta de por qué no todos los hombres de fe tienen experiencias similares, pero muchas personas de mente lógica y nada emocionales a las que he contado esta historia han atestiguado que, cuando han progresado en su fe, han tenido lugar en su vida fenómenos de carácter similar, aunque en forma diferente, con un consuelo gratificador que ha calmado la soledad de su pérdida.

Hay también muchos hombres y mujeres que están solos porque, como se decía en la primera parte de este capítulo, algún problema interno de personalidad les obliga a rechazar inconscientemente a los demás. Y aquí tenemos de nuevo la respuesta, ya que la fe ayuda a liberar el proceso mental y corrige esa falta. Uno de los primeros efectos de la fe es que el hombre se sincera consigo mismo. Lo cual es tan necesario para la cura de las enfermedades de la personalidad como para las físicas. Cuando usted está enfermo y acude a un médico, no le oculta nada que juzgue necesario para un diagnóstico y un tratamiento adecuados. Porque él debe disponer de todos los datos y saber que son fidedignos. Al tratar con la mente debemos recordar que ésta tiene una gran tendencia a excusar sus propias faltas. Se inventa razones al estilo del "somos como somos" en vez de enfrentarse francamente a nuestras faltas para tratar de corregirlas. La fe enfoca el problema a la luz de la razón. Entonces el individuo es ya capaz de recibir el poder curativo de Dios.

Conozco a un hombre, por ejemplo, que pensaba que todo el mundo le criticaba y hablaba mal de él. Estaba convencido de que nadie le apreciaba. Deseaba el respeto y afecto de sus asociados. Tenía verdaderas ansias de ser útil, y lo demostraba el hecho de que perteneciera a cierto número de organizaciones y fraternidades, además de ser miembro de la iglesia. En cada una de esas organizaciones había llegado a ser oficial, y se había ganado ese puesto por ser muy trabajador y porque, en algunos casos, había utilizado un poco la política. Sin embargo, era desgraciado porque comprendía que no compartía realmente la amistad que tan aparente era a su alrededor. No era "uno del grupo". Esto le hería profundamente y un día se preguntó con franqueza la razón. Entonces vino a verme creyendo que, en el secreto de la clínica de nuestra iglesia, podría hablar sobre sí mismo y su problema con libertad y sin empacho, y recibiría la ayuda que necesitaba.

Mientras hablábamos empezó a comprender que, si él creía que los demás le criticaban, era porque él siempre estaba criticando a los demás; que si la gente no le apreciaba era porque todos se daban cuenta instintivamente de que él tampoco les quería; y que la causa de su soledad era que rechazaba a la gente. Comprendió que toda su actitud carecía fundamentalmente de amabilidad, que inmediatamente empezaba a buscar fallos en las gentes que conocía, que no podía permitir que nadie tuviera una opinión distinta de la suya, y que tendía a corregir a todo el mundo según sus normas.

Fue como una radiografía, un análisis sincero y completo de sí mismo. Le resultaba difícil admitir que las personas que tanto había criticado no fueran malas después de todo, y que él mismo era el culpable. Pero vio claramente que su problema con los demás no se debía a ellos, sino que obedecía más bien a la proyección de su actitud errónea. En el instante en que comprendió esto, se inició el proceso curativo. Hoy en día es un individuo feliz, popular y digno, y su soledad ha desaparecido por completo.

La soledad se esconde en las sombras de la adversidad. Por una curiosa ósmosis psicológica, las sombras de las circunstancias adversas penetran en la vida interior. Con frecuencia, especialmente en momentos de graves vicisitudes personales, tales sombras inician una soledad morbosa. El antídoto más seguro es una fe cálida y radiante que arroje luz en esa oscuridad. Los fabricantes de coches todavía no han perfeccionado una luz verdaderamente capaz de penetrar una niebla cerrada, pero la religión si da esa luz al individuo perdido y solitario en la niebla del dolor y el sufrimiento.

Un viejo proverbio ruso dice: el martillo rompe el cristal, pero forja el acero. Algunas personas son como cristal, y el martillo de las circunstancias los hace pedazos. Otros son como el acero, y el martillo cae sobre ellos pero, en vez de romperlos, los forja en formas nuevas de fuerza y belleza. El cristianismo infunde ese elemento acerado en los hombres para que no se rompan bajo los golpes de martillo de las circunstancias. Lo que les da resistencia es su fe.

Hace poco lei *Empezando de nuevo,* libro inspirador escrito por Alice Bretz, una ciega. Es una historia heroica, sacada de la vida real: la autobiografía de un alma radiante. Ella había amado las luces y sombras sutiles de este mundo hermoso. Tenía un gran sentido de la apreciación. Había gozado viendo el amanecer, como si un telón se alzara sobre las colinas, el eterno misterio del día que vuelve. Había gozado al ver el sol acariciando las hojas, bañando un trozo de césped bien cuidado en verano. Le había deleitado ver el reflejo del sol sobre una tierra fresca y un arroyo truchero en una tarde perezosa de verano. Y había disfrutado viéndole hundirse tras las colinas al final del día, enviando un último rayo de luz para iluminar las flores de su jardín. Se emocionaba a la vista de la luna plateada rielando sobre las aguas en una noche estrellada. Luego, de pronto, una niebla cubrió mis ojos, cayó sobre ella la oscuridad y tuvo que ir al hospital.

Creyó que sería una ceguera temporal. Llegó la primavera y quizo volver a casa, a su granja. Ya imaginaba ansiosamente el gozo de los manzanos en flor que llenaban la atmósfera de fragancia y encanto. Y entonces vino el médico. Era un hombre brusco que le dijo:

—Lamento comunicarle que ha quedado ciega. Ya no volverá a ver.

—Doctor —contestó ella serenamente—, debe haberle resultado muy difícil decírmelo.

Ya sola, echada allí en la oscuridad, sintió que el terror se agazapaba sobre su pecho dispuesto a lanzarse sobre ella. Se echó atrás horrorizada; era el pánico a la oscuridad.

Fue a verla un clérigo que le puso la mano sobre la cabeza y le dijo:

—Dios le ha echado esta cruz sobre los hombros, hija mía —y se marchó.

Por supuesto que, echada allí, sentía que la pesada cruz la aplastaba. Era un peso agobiante. Empezó a pensar en la cruz. Recordó la iglesia donde fuera confirmada de niña, donde iba a adorar a Dios. Recordó el aspecto de la iglesia un domingo por la mañana, la luz brillante del sol atravesando las vidrieras de colores. Veía en su memoria cómo venía a caer la luz sobre el oro de la cruz, despidiendo destellos durante la procesión. Y creía oir el himno que cantaban siempre cuando pasaban con la cruz:

¡Adelante, soldados de Cristo!
Avancemos como si fuéramos a la guerra,
con la cruz de Jesús
ante nosotros.

Entonces brilló la verdad en su mente ensombrecida. La cruz siempre va delante. No es algo que nos aplaste. ¡La cruz es el símbolo de la victoria, del triunfo!

—Aunque tenga que estar ciega por el resto de mi vida —gritó—, convertiré mi cruz en una victoria y la dejáre que me guíe mientras yo sigo cantando. ¡No seré derrotada! Triunfaré con Cristo que me da fuerzas.

La soledad de esta vida puede disiparse gracias al poder de la fe.

CAPÍTULO 8

AMOR Y MATRIMONIO

Amor y matrimonio

SMILEY BLANTON

Cuando se habla del amor, una de las dificultades que se presentan es que el psiquiatra utiliza la palabra con un significado mucho más amplio que el resto de la gente en general. Por tanto, es necesario explicarla. "Amor" es un sentimiento que nos arrastra hacia una persona u objeto, y "odio" es el sentimiento que nos aparta de esa persona u objeto. Indudablemente, la palabra amor así utilizada incluye emociones de intensidad menor y que no están involucradas en el uso habitual. Por ejemplo, "amor" incluye el aprecio e incluye la tolerancia.

Con frecuencia se juzga al amor como una emoción violenta y, todavía más, con una cualidad especial y propia, distinto del aprecio en cualidad y en grado. Esta emoción violenta se identifica generalmente con el hecho de "estar enamorado" entre los adultos, o con el amor entre padres e hijos. Pero tiene otros valores, como el amor a la patria, y el amor a la libertad.

El psiquiatra afirma que, en un análisis definitivo, todos esos amores —de marido y esposa, de padre, hijos, hermanos, país, libertad e incluso el amor a los animales, los libros, la comida, etc.— forman un conjunto.

El amor que acompaña al impulso reproductor es amor sexualizado. El resto —que forma la mayor parte— está vacío de sensación erótica.

Es necesario que el lector acepte, la definición del amor dada por el psiquiatra, o que al menos trate de aceptarla, para que comprenda con toda claridad este capítulo.

Toda actividad va acompañada de una sensación, ya sea agradable o desagradable. El niño sigue un proceso de aprendizaje para evitar las actividades desagradables y buscar las agradables. Hay sensaciones muy agradables unidas a la comida, al trato amable de los que le quieren, al hecho de que le bañen, le acaricien, etc.

Normalmente, a medida que va creciendo, el amor del niño se centra cada vez más en personas y cosas, y cada vez menos en procesos y sensaciones relacionadas con su propio cuerpo. Pero si, por accidente, no encuentra un desahogo normal y suficiente para el desarrollo de su amor hacia los demás, este amor en desarrollo puede volverse hacia sus procesos y sensaciones corporales, dándoles un matiz fuertemente erótico. Si continúa sintiendo emociones agradables en unos procesos físicos que deberían estar libres de ellas, se desarrolla un sentido exagerado de culpabilidad y el temor resultante a todas las emociones agradables, sean del tipo que sean.

De esta situación surge el concepto erróneo de que el amor es de dos clases, uno puro y el otro impuro; uno santo y el otro culpable; o quizás uno espiritual y el otro corporal. Por supuesto, el impulso reproductor es muy fuerte y, aunque no es impuro ni culpable, debe disciplinarse y controlarse. Esto es algo admitido por todos los pueblos, tanto los más civilizados como los primitivos. Pero esa distinción tan simple entre el amor "puro" y el amor "sexual" puede dar lugar fácilmente a una inadaptación grave en el matrimonio. En ocasiones impide incluso la satisfacción sana, tanto en la vida física como en la espiritual, al alzar un muro entre ellas. El concepto del amor "limpio" y el amor "sucio" es uno de los factores principales en la infelicidad del matrimonio y, aunque no acabe con él, sí origina tantas fricciones y tensiones que los hijos de ese matrimonio suelen desarrollar graves problemas emocionales.

Si toda la relación amorosa del matrimonio es un sacramento, según el método de reproducción ordenado por el Creador, no puede haber nada sucio, repulsivo ni pecaminoso en el momento adecuado y en el lugar adecuado.

La señora Dona R. vino a la clínica de la iglesia por su infelicidad matrimonial. Su marido era inteligente y trabajador, pero tenía una personalidad muy inflexible. Ella había sido consciente de este defecto, pero confiaba en que, a pesar de todo, la vida matrimonial sería feliz. Después de la boda, él le dijo que, en su opinión, no debían tener relaciones sexuales hasta el momento en que quisieran un hijo, y ambos estuvieron de acuerdo en que no podían permitirse tener un hijo durante dos años. Vivir mientras tanto como marido y mujer, decía el, sería simplemente "dar gusto a la carne".

Esto preocupó bastante a la señora Dona R., porque ella no

compartía esa opinión de que el amor físico fuera algo sucio. Pero aceptó su voluntad, aún de mala gana, porque lo juzgaba su deber como esposa leal.

Al cabo de un año empezaron a cohabitar y tras ello vino al mundo su primer hijo. Entonces volvieron a evitarlo durante otros dos años hasta que pudieran tener otro hijo.

Cuando la señora Dona R. vino a la clínica de la iglesia, el pastor y el psiquiatra, en colaboración, la tranquilizaron prontamente diciéndole que no había justificación para la conducta de su esposo, ni en las enseñanzas de la Iglesia ni en la Biblia. Finalmente consiguieron modificar la opinión del marido, aunque esto no fue fácil ya que las dificultades de éste tenían hondas raíces.

La impresión de impureza que tiene el adulto en lo referente a la parte física del amor suele surgir de la primera infancia, cuando los mayores hacen que el niño se avergüence de su cuerpo al reñirle o castigarlo con poca prudencia por alguna conducta infantil, especialmente si se ve que encuentra placer en tocarse el cuerpo. Este sentimiento de impureza no sólo afecta a todo el aspecto físico del amor, sino que a veces da lugar a una tal impresión de culpabilidad y vergüenza que produce una grave inadaptación emocional a lo largo de toda la vida.

Hace algún tiempo, un joven de dieciocho años jugaba al fútbol en el equipo de la escuela superior y, en uno de los partidos, cayó sin sentido al suelo. Decía que algo andaba mal en la espalda y que no podía mover las piernas. Su padre le llevó a toda prisa a un hospital de la ciudad de Nueva York. Los médicos que le examinaron con toda atención no encontraron nada físico que justificara aquella parálisis —total al parecer— de las piernas.

El muchacho se hallaba en un grave estado emocional. Estaba seguro de que iba a morir y quería ponerse en paz con Dios. Pidió un sacerdote. El pastor de la clínica de la iglesia corrió a su lado y, después de conversar un rato con él, comprendió por la ansiedad profunda del chico que probablemente tenía un gran peso en la mente.

Al fin confesó al pastor que todo su problema se debía a un pecado secreto: la masturbación. Dijo que había intentado librarse de ello desde los diez años, cuando su padre le dijera que, si no lo dejaba, sufriría de la columna vertebral. Con todas sus fuerzas trató, pues, de librarse del hábito, pero de vez en cuando caía en él.

Cuando sintió de pronto un dolor profundo en la espalda a mitad del partido, creyó que el pecado se tomaba su venganza, que había cometido sin duda el "pecado imperdonable", y que ahora iba a morir con toda seguridad.

El pastor se había enterado primero por el médico de que el chico no sufría daño físico, y que su estado se debía a lo que se conoce como parálisis histérica. Entonces le aseguró que aquello no era, desde luego, un pecado imperdonable, aunque sí un hábito nada recomendable que había perdurado a través de los años. Finalmente le sugirió que visitara al psiquiatra de la clínica de la iglesia. El chico aceptó la sugerencia y el pastor y el psiquiatra, trabajando en colaboración, consiguieron librarle de su temor, eliminando la parálisis histérica y educando su mente con respecto a la impresión de culpabilidad.

No hay muchos casos tan claros y definidos como éste pero, según nuestra experiencia, la gran mayoría de los adultos sufren de una impresión morbosa de culpabilidad referente a algunas cosas que no son sino hábitos desafortunados que se tienen desde la infancia, y que son erróneamente interpretados como algo imperdonable.

Un día recibió el pastor la carta siguiente de un joven que vive a cierta distancia de Nueva York:

> He leído su libro *El arte de vivir* y los muchos casos que aparecen en él en los que usted ha podido ayudar a almas enfermas por el pecado. ¿Podría ayudarme, pues estoy desesperado? Tengo veintiún años y soy culpable de algo que impide el fluir de la energía normal en mi mente. No he podido librarme de este hábito terrible, y ahora temo que mi alma esté perdida. Siento que no vale la pena vivir. He rezado y, aunque no me he sentido más cerca de Dios, sigo rezando para que esta carta me traiga ayuda. Aquí no tengo a nadie a quien decírselo, ni al pastor, ni al médico, ni a mis padres.

Esta reacción tan extremada ante lo que toda la raza humana ha experimentado, la tendencia infantil a acariciarse, demuestra el peligro de castigar o reñir a un niño por ello.

Otro problema que tiene su origen en la infancia, y que es más frecuente de lo que muchos suponen, es el afecto indebido por las personas del mismo sexo. Esto da lugar a ansiedades y depresiones que pueden trastornar la vida de cualquiera. De niño se ama lo mismo al padre que a la madre. Ese es el esquema imprescindible en la vida en común. Es normal amar a gentes del mismo sexo y del sexo opuesto. Pero hay que mantener el equilibrio entre ellos. Si a un chico joven le gusta tanto estar con los amigos que ni siquiera se preocupa de salir con chicas, o si una chica está tan interesada por las muchachas que no le importa tener amigos, indudablemente existe una falta de equilibrio en su vida amorosa.

Una de las funciones de la psiquiatría consiste en ayudar a esas personas a comprenderse mejor y a reorganizar la vida sobre una base más sana. Pero no se conseguirá mucho si ellos juzgan esa tendencia como una culpa tan horrible que ya están condenados para siempre. En los jóvenes ese impulso se debe, indudablemente, a una relación infantil de la que ellos no tuvieron la menor culpa. Entonces, un impulso por el que no puede culpárseles se elimina, por lo general, si ellos llegan a comprender los motivos más profundos e inconscientes desarrollados en la infancia.

Hasta qué extremo llega esa impresión de culpabilidad, se revela en esta carta que recibió el pastor hace algún tiempo:

> Perdone que le moleste con mi problema, pero me encuentro en un estado emocional tan grave y desequilibrado que necesito desahogarme con alguien. He triunfado en la vida, mis amigos me respetan e incluso me han confiado un cargo en nuestra iglesia. Sin embargo, mi vida es una mentira despreciable y horrible.
>
> Hace dos años leí un libro que me reveló la tendencia desafortunada que yo tengo. El autor del libro lo expresaba con estas palabras: "Dios, en su infinita sabiduría, creyó adecuado crear un sexo intermedio que encuentra la satisfacción amorosa en el mismo sexo y no en el opuesto", y el libro seguía diciendo que no hay cura para esto. ¿Cómo puede desear Dios que vivan personas como yo?
>
> ¿Quiere ayudarme, por favor?

Este joven estaba muy deprimido y necesitaba ayuda urgentemente. Lo primero a hacer fue asegurarle que la opinión del autor sobre el problema no era científicamente cierta, ni tampoco sensata. Aquel libro estaba anticuado, superado ya, por lo que se le afirmó que bien podía rechazar de plano tal afirmación del autor.

También se adivinaba en su caso la división malsana entre el amor físico y el espiritual. El creía que el amor físico era algo demasiado impuro y demasiado sucio; que las mujeres estaban muy por encima de él, al ser demasiado puras, y que el matrimonio le sería imposible.

Se le explicó el origen de sus impulsos y, como vivía en otra ciudad, se le recomendó a su propio pastor y a un psiquiatra que le ayudaron a resolver su impresión morbosa de culpabilidad y a moderar así sus impulsos.

Siempre se necesitan muchas conversaciones para cambiar esta situación, ya que debe hacerse con paciencia y calma.

Uno de los problemas más importantes para los jóvenes es el control del instinto sexual hasta que están felizmente casados. Este problema es uno de los verdaderamente difíciles con que se enfrenta nuestra civilización. Exige los mejores esfuerzos por parte de la familia, la iglesia, el colegio, el pastor, el profesor y el médico.

El instinto sexual varía ampliamente en las distintas personas, y por tanto no puede juzgarse de modo superficial. En algunos es más fuerte que en otros. Hay quienes logran vivir castos y sanos a la vez con toda facilidad. Otros entran en órdenes religiosas, hacen voto de castidad y llevan una vida feliz y efectiva.

Hay personas que, sin ingresar en una orden religiosa, prefieren no casarse por diversas razones y deciden vivir castamente. Por supuesto, para vivir así han de pagar un precio, pero a algunos no les parece demasiado alto.

Sin embargo, también es cierto que en la civilización actual, en la que los jóvenes no suelen casarse hasta que tienen casi treinta años, la continencia física es difícil.

¿Qué debe decirse a los jóvenes que se enfrentan a la cuestión de si deben refrenar, o hasta qué punto deben refrenar, el impulso imperioso durante años y años, mientras pasan por la escuela superior, la universidad o la escuela profesional, y se labran una posición a fin de casarse y fundar un hogar? No es función del médico ni del psiquiatra el actuar como juez en este caso.

Sin embargo, el psiquiatra sí puede decir algunas cosas que tal vez ayuden. Cuando los solteros preguntan: "¿Es que no tengo derecho a satisfacer el instinto sexual?", el psiquiatra puede contestar únicamente que antes han de tener en cuenta ciertos hechos. Primero —al menos en el caso de las chicas— está el peligro del daño a la reputación, que puede interferir gravemente con su trabajo. Segundo: las relaciones sexuales mantenidas en un plano puramente físico causan poco placer. Tales relaciones dejan tan sólo un sentimiento de frustración y de vago disgusto.

Tal vez los jóvenes pregunten: "Entonces, si no debemos manifestar nuestro instinto sexual hasta que encontremos a la persona con quien vamos a casarnos, ¿qué podemos hacer para controlar ese deseo?". La respuesta es la siguiente: lo más idóneo es la sublimación, es decir, hallar una relación social satisfactoria y feliz con el sexo opuesto, pero sin relaciones físicas.

La familia, la iglesia y la escuela han de hallar mejores modos de que los jóvenes puedan sublimar este impulso dominante, mediante el contacto social, y estimular el trabajo y el juego en colaboración. Las caminatas, las fiestas, los bailes, los clubs en los que miembros de ambos sexos se reunen para estudios políticos y sociales . . . todo ello debe incrementarse, dándole una mayor calidad.

El matrimonio auténtico tiene una base física y sana, pero también se hallan involucrados en él ciertos valores necesarios, espirituales y emocionales. Una relación extramarital temporal, secreta y furtiva, en la que se corre el peligro de la desaprobación social e incluso de la vergüenza, una relación en la que los valores emocionales y espirituales no tienen cabida, es virtualmente incapaz de dar satisfacción alguna. El temor y la culpabilidad que suelen acompañar a tales relaciones sobrepasan por lo general la satisfacción física.

Sin embargo, si los jóvenes se ven arrastrados por sus impulsos a tener relaciones sexuales antes del matrimonio, es mejor que ese asunto se trate con compresión.

El amor en sí, en su significado más amplio, es una necesidad fundamental de la vida. Sigmund Freud ha dicho: ". . . debemos amar con objeto de no caer enfermos, y habremos de caer enfermos si, por alguna frustración, no podemos amar".*

El miedo al amor se halla representado en la vida trágica de John Ruskin, el hombre que luchó con su pluma por la justicia social en el siglo XIX.

Nació en 1819, hijo único de padres escoceses y ya mayores. Estos habían luchado duramente por abrirse camino y tenían grandes ambiciones para su hijo. Le trataban con gran severidad y, al mismo tiempo, le rodeaban de un amor agobiante. Pronto le negaron juguetes de cualquier clase. A la edad de seis años se le permitió tener una pelota, un carrito y algunos bloques de madera. Le azotaban si se caía por las escaleras y en una ocasión le dejaron que se quemara la mano sobre una estufa muy caliente para que aprendiera que no podía fiarse de nadie en este mundo. El mismo Ruskin cuenta lo más conmovedor de sus primeros años:

**Obras escogidas*, vol. IV, p. 42.

> Podía pasar los días tan contento, siguiendo los dibujos y comparando los colores de mi alfombra . . . examinando los nudos en la madera del suelo o contando los ladrillos de las casas de enfrente.*

Su tía le regaló un teatrito de marionetas, pero su madre le dijo en voz baja que no era conveniente, y ya no volvió a verlo de nuevo.

Desde que supo leer, a la edad de cuatro o cinco años, tuvo que pasar horas sentado en las rodillas de su madre, alternándose con ella en la lectura de los versículos de la Biblia: "Y Abija se alzó sobre el Monte de Zamarin, que está en el Monte de Efraím, y dijo: Oyeme Jeroboám, y todo Israel".

¿Cómo influyó la actitud de los padres de Ruskin hacia él en su propia actitud hacia Dios? Así, según dejó escrito él mismo:

> En cierto sentido, mis padres eran para mí fuerzas visibles de la naturaleza, a las no amaba más al sol y la luna . . . y todavía menos amaba a Dios . . . Peor aún: hallaba Su servicio desagradable . . .

Del compañerismo y el amor dice:

> Cuando llegó el afecto, fue con una violencia desenfrenada y difícil de manejar, al menos por mí, que jamás antes había tenido que manejar nada.

Más tarde, ya adulto, se fue al extranjero y se enamoró de una francesa. Sus padres quedaron escandalizados, le hicieron volver a casa y poco después le casaron con Eufemia Charmels Gray, a quien juzgaban la esposa adecuada para él. Pero Ruskin temía tanto al amor que jamás fue capaz de consumar el matrimonio, y por eso, unos años más tarde, dicho matrimonio fue anulado y ella se casó con John Everett Millais, el pintor, llegando a tener una familia numerosa.

Ruskin dedicó la mayor parte de sus energías a la lucha contra la injusticia social que le rodeaba. Pero no hallaba alegría ni gozo en nada. Un día, estando con el Dr. Jowett, director del Balliol College, éste soltó de pronto una alegre carcajada. Ruskin se incorporó y le cogió las manos.

—Señor —dijo— ¡cómo me encanta oirle! ¡Ojalá yo pudiera reirme así!

Más tarde escribió a su padre:

---

*Williams-Ellis, *La tragedia exquisita: vida íntima de John Ruskin,* Doubleday, Doran, Nueva York, 1929, p. 16.

> Los hombres deberían ser firmemente corregidos y educados del modo más sereno en la vida diaria . . . Habrían de aprender a dormir en camas de piedra, y a comer sopa de pan negro, pero nunca debería destrozárseles el corazón . . . Los dos errores terribles en los que caisteis involuntariamente, mamá y tú, fueron precisamente lo contrario: me alimentasteis con lujo, incluso como a un ser afeminado, hasta el punto de que ya no puedo viajar por países de nivel inferior sin llevarme mi propio cocinero. Pero anulasteis en mí, y desde el principio, todo el fuego de la pasión y de la vida.

A la edad de cincuenta y cinco años, Ruskin se enamoró de Rose la Touche, de dieciséis, alumna suya. Cuando expresó su sentimiento a los padres de la muchacha, estos le prohibieron que la viera de nuevo. Un año o dos más tarde murió Rose. Poco después, Ruskin sufrió un trastorno mental.

El amor reprimido tiene efectos extraños, pudiendo llegar incluso a la vida. Unas veces el culpable de la tragedia es uno mismo, pero otras todo se deriva de unos padres llenos de buenas intenciones, pero carentes de cordura, que al tratar de obligar al niño a aceptar unos ideales inadecuados, le anulan la vitalidad y reducen sus esfuerzos por vivir a unos cuantos gestos futiles.

Amor y matrimonio

NORMAN VINCENT PEALE

Durante cierto número de años, y como pastor de una iglesia en la Quinta Avenida de la ciudad de Nueva York, he cumplido con el grato deber de casar a varios miles de parejas. En todo ese tiempo me han consultado muchos cientos de ellas acerca de problemas matrimoniales y, con toda esta experiencia, uno adquiere algunas ideas y cierta comprensión en lo referente a la felicidad del matrimonio.

Estoy convencido de que el matrimonio entre personas inteligentes y sinceras puede ser feliz y tener éxito. Si hay un amor auténtico, honorable y espiritual, y un deseo sincero de que la unión triunfe, esto es posible. Nunca se recalcará bastante que el factor más importante para la felicidad matrimonial es la decisión de que éste funcione.

Lo cual significa que ambas partes han de inclinarse psicológicamente a la actitud positiva en su matrimonio. El objetivo mental debe ser el éxito, no el fracaso. Han de pensar en términos de éxito porque sabemos que, si la mente piensa en éxito con intensidad suficiente y durante bastante tiempo, tiende a producir el triunfo. La posibilidad de fracaso no debe tener lugar en nuestra mente.

Cuando una pareja sincera acepta en todo su valor las palabras "hasta que la muerte nos separe" y ni se les ocurre remotamente la idea de que, si la unión no funciona, pueden deshacerla, el matrimonio *tiene* que salir bien porque ellos así lo quieren y porque repudian en su alma cualquier otra alternativa.

En cualquier relación de este mundo uno puede llevarse bien con otro si lo desea realmente y si lo intenta durante el tiempo necesario y con la suficiente intensidad. Una de las mejores emociones intelectuales de la vida es la de estudiar a la persona a quien se ama y unirse por completo a ella de modo que llegue a ser cierta esa unidad expresada en estas palabras: *Y ellos serán una sola carne.*

Esta es la clase de matrimonio del que se dice que baja del cielo, y sin duda el impulso sí vino de allí, pero el auténtico trabajo de construcción fue realizado en la tierra por un hombre y una mujer que tenían voluntad y fe. No pretendo afirmar que sea fácil lograr la felicidad en el matrimonio. A veces es muy difícil. Pero sí afirmo que no es imposible entre personas sinceras e inteligentes. Si surgen problemas complicados, yo les sugeriría que a la fe añadieran la comprensión y la capacidad para el ajuste de la personalidad por parte de una psiquiatra de mentalidad espiritual. También es prudente en ocasiones buscar el consejo de un médico de ideas similares. El psiquiatra, el médico y el pastor cooperan frecuentemente con gran efectividad en la resolución de los problemas maritales, cuando estos se complican.

Hay otro ingrediente, aparte de la voluntad y el esfuerzo, esencial para el matrimonio de éxito. Es el elemento que nuestros padres llevaron de recién casados a su hogar y que les ayudó a seguir amándose durante cuarenta o cincuenta años. Me refiero a la religión. El libro más sabio que se ha escrito, y el más experto en los problemas humanos, dice: "Si el señor no construye la casa, en vano trabajan los que la construyen".

En los hogares tradicionales de otros tiempos, incluso de hace una generación, siempre había una Biblia sobre la mesa de la sala, y además se la leía. Todos decían la acción de gracias en las comidas, rezaban antes de irse a la cama y la familia entera iba a la iglesia los domingos. El único lugar al que no iban los padres era a Reno. Construían su hogar en torno a Dios y a los ideales religiosos. Ese espíritu creaba carácter y una mente normal y sana, y preparaba mejor a la gente para ese arte delicado del ajuste personal.

Estos norteamericanos religiosos no eran santos de escayola, e indudablemente había fallos en el matrimonio, pero, en general, se revelaba en sus hogares el secreto de la vida feliz, que los muchos matrimonios no religiosos de hoy en día tendrán que redescubrir no sólo por su felicidad personal, sino por el futuro bienestar del país.

Yo creo que cualquier pareja puede lograr el éxito en su matrimonio si van a él con una actitud espiritual. Siempre aconsejo a los que se casan que recen juntos la primera noche de su matrimonio, y todas las noches después. Conozco muchos matrimonios de la actualidad que dicen la acción de gracias en las comidas, y otros muchos que leen juntos y con frecuencia la Biblia. Esos matrimonios no se separan. Están fundamentados en el mayor poder del mundo: la fe en Dios.

Y he visto a muchos matrimonios a punto de fracasar, que se salvaban y se remediaban para siempre cuando los dos, o incluso uno de ellos, estaba dispuesto a involucrar la religión en el problema.

Una joven vino a decirme que ella y su marido había llegado al punto de ruptura, porque la incomprensión había alcanzado enormes proporciones y las diferencias frecuentes se habían transformado en una lucha odiosa y amarga. Me confirmó que ella estaba dispuesta a ir a los tribunales para lograr el divorcio, y yo supuse que al marido le ocurriría lo mismo. Pero ella tenía una conciencia muy delicada ante el tema del divorcio, y además, allá en el fondo, como se descubrió más tarde, todavía amaba a su marido y, por supuesto, deseaba salvar el matrimonio.

—Como pastor ¿tiene usted alguna sugerencia que hacerme? preguntó.

—Sí, tengo una —respondí—. Y sé que ha funcionado en otros casos como el suyo, y que seguirá dando excelente resultado en cualquier situación si se prueba con fe.

—¿De qué se trata? —me exigió entre escéptica y esperanzada.

—Rece con su marido —le dije—. Vaya a casa y consiga que él rece con usted.

—¡Oh! —exclamó con gesto desilusionado—. Me sería imposible. El se burlaría de mí. Rezábamos juntos cada noche de recién casados, pero dejamos esa costumbre hace mucho tiempo.

—Tendrá éxito —insistí—. Quiero que me prometa que esta noche rezará con él.

No me aseguró nada, pero al día siguiente la tenía allí de nuevo y más radiante que nunca. Incluso hablaba a trompicones, exaltada y gozosa, tratando de contarme que había luchado toda la tarde haciendo acopio de valor para comentarle esa sugerencia a su marido, que estaba profundamente enfrascado en el periódico. Finalmente se dirigió a él y le dijo:

—Jim, parece que ya no podamos entendernos, y nuestras discusiones no llevan a ninguna parte. Pero, Jim, a pesar de todo yo sigo queriéndote de verdad. ¿Quieres hacer algo por mí. . . por favor. . . quieres rezar conmigo como solíamos hacerlo?

Me contó que él la había mirado de un modo bastante extraño.

—Y entonces, ¿qué cree usted que dijo? —me preguntó—. Pues dijo: Yo también lo había pensado un par de veces, pero no tuve el valor de sugerirlo.

—Y ¡vaya! —gritó ella—. Fue maravilloso, increíble. Nos pusimos de rodillas, como hacíamos de recién casados, y hablamos con Dios como un par de niños. Y todo el problema pareció desvanecerse de pronto.

—Siga haciéndolo —le animé— y conservará esa felicidad hallada de nuevo.

—Es un milagro —repitió al despedirse de mí.

Si, pensé yo, es un milagro, el milagro sencillo de la plegaria. La religión elevó a esta pareja del bajo nivel de la amargura egoísta hasta un plano superior, donde el amor auténtico que todavía existía llegó a ser dominante.

La religión funciona si se la utiliza en las relaciones humanas. Si usted desea la felicidad en el matrimonio —y por supuesto que la desea—, practique la religión; y si su esposo o esposa no se une a usted en la plegaria y la fe, entonces rece solo. Una persona de fe auténtica es capaz de aportar la fuerza espiritual suficiente para destruir las diferencias irritantes. La fe es tan potente que un solo miembro de la pareja puede elevar a los dos a ese nivel superior en el que consiguen la comprensión y la unidad.

La religión y el amor son los fundamentos de un hogar feliz. Sólo ellos pueden soportar la tensión y la ansiedad de la vida. Hace mucho tiempo San Pablo escribió una descripción magnífica del amor. He aquí algunas cosas que dice: "El amor lo sufre todo y es amable. El amor no se enoja fácilmente. No piensa mal, lo soporta todo, lo cree todo, lo espera todo, lo sufre todo". Y como el amor hace todas esas cosas, ésta es la razón por la que resulta necesario como la piedra fundamental del hogar. Y un amor de esta cualidad depende de la religión para su desarrollo.

Una de las experiencias humanas más interesantes es comprobar que el verdadero amor lucha hombro con hombro para lograr la victoria. Tengo dos amigos, un matrimonio joven, que sufrieron reveses financieros. Cuando hace poco les visité una tarde, observé que la esposa quería decirme algo y, al salir el marido un momento de la habitación, habló así:

—Lo estamos pasando fatal y John está muy desanimado. El no es así en absoluto, por eso confío en que, si tiene oportunidad, le anime un poco —y entonces añadió, con una sonrisa y con un brillo sospechoso en los ojos: —John es maravilloso, ya lo sabe usted.

Más tarde, esa noche, dio la casualidad que quedé a solas con el marido y éste me dijo:

—Las cosas nos han ido muy mal últimamente y a veces me temo que Mary se sienta algo deprimida. Si tiene la oportunidad, antes de irse, anímela un poco. . . Ella es una chica estupenda —añadió, apenas en un murmullo.

Salí de allí emocionado, pues había visto algo hermoso. Había tenido la visión inspiradora de dos almas espléndidas, un hombre honrado y una buena mujer, con amor en el corazón, luchando hombro con hombro contra la adversidad. ¿Creen que vencerán? ¡Por supuesto que sí! ¿Se vendrá abajo ese matrimonio? Ni en cien años. ¡Qué nobles recuerdos tendrán en su vida los hijos que crezcan en un hogar así! ¡En qué hombres y mujeres fuertes, valientes y de ideas claras, llegarán a convertirse en semejante ambiente!

Yo creo que muchos problemas difíciles en los años de matrimonio y, en realidad, a lo largo de toda la vida, podrían evitarse de raíz si los padres comprendieran la importancia de la fe religiosa en la vida de sus hijos. En realidad, los padres contribuyen a la infelicidad futura de los hijos al no darles el beneficio de un ambiente espiritual.

Lo mejor que un padre puede hacer por un hijo es llevarle a la iglesia. No enviarle, sino llevarle; y no de modo intermitente, sino con regularidad, cada domingo, y dejarle que sature su subconsciente con los grandes ideales de la religión. Que oiga los pasajes más nobles de la Biblia, desde el púlpito, hasta que lleguen a formar parte de su vida. Que aprenda a amar los grandes himnos de la Iglesia que hablan de fe, de bondad, de carácter. Que oiga sermones. A veces le parecerán, y serán, aburridos y rancios, y en ocasiones estarán por encima de su comprensión, pero le inculcarán la idea de que el honor, la justicia y la decencia son virtudes dignas de cultivarse. Así llegará a la convicción, tan profundamente arraigada en su mente que jamás será erradicada, de que el hombre auténtico es el hombre de carácter y honor.

Preciso es admitir que no todos los niños así educados han acabado bien. Sin embargo, también debe concederse que la gran mayoría de los niños que sí resultan bien, que viven una vida mental sana, que vencen las obsesiones y anormalidades de la personalidad, son aquellos que recibieron educación religiosa. Déle a su hijo la oportunidad de una vida sana y fuerte, déle unos fundamentos firmes y sólidos sobre los que construir, y no esa arena movediza sobre la que se derrumbará la casa cuando lleguen las tormentas. No le prive del beneficio de la religión.

Si el niño desarrolla el carácter y tiene ideales elevados, considerará hermosos el amor y el matrimonio, y los verá como sacramento. Comprenderá que el matrimonio es una experiencia enriquecedora en el desarrollo del alma. Y llevará a él, como a un altar, las grandes virtudes que la fe religiosa le han implantado: las virtudes de la fidelidad, el honor, la cortesía, la amabilidad, la generosidad, que son bases sobre las que se funda un matrimonio feliz.

Los hombres y mujeres de alma grande pueden vivir juntos en amor y paz. Las gentes de alma mezquina luchan, se pelean, se engañan y, en consecuencia, se separan. La religión auténtica crea almas grandes. Por tanto, en el último análisis, la fe es la respuesta para un matrimonio de éxito.

La sublimación del instinto sexual en los jóvenes que se ven obligados a posponer el matrimonio es un problema. El Dr. Blanton como psiquiatra, y yo como pastor, sentimos la obligación de ofrecer una solución sensata e idónea, que resulte de ayuda práctica para los jóvenes que realmente la desean. Ese instinto, como todas las reacciones humanas, está sometido al control de la mente. Y el deseo se ve intensificado o sublimado según la mente piense tan sólo en la gratificación o controle el anhelo y dirija esa energía a otros objetivos. El control y dirección de nuestros pensamientos es el nudo de la cuestión. Si se controla la mente con firmeza, el instinto físico no la domina. La solución consiste en llenar la mente de intereses capaces de dominar nuestros pensamientos, y lo bastante vitales como para consumir nuestras energías. La solución de este problema se ha complicado en exceso cuando en realidad es muy fácil: basta con que la mente se aparte del instinto sexual y se enfoque en los valores intelectuales y espirituales que, si se cultivan, resultan ser tan atractivos como los instintos relacionados con el organismo físico.

No es fácil sacar una idea de la mente simplemente por el hecho de decidirlo, y por mucha fuerza de voluntad que se dedique a ello. Un ataque tan frontal y directo no suele tener éxito. En realidad, todavía fija más la idea, por el énfasis que se pone en rechazarla. El ataque efectivo es el oblicuo, es decir, desplazar el instinto sexual al llenar la mente con otros intereses que la absorban. Y esto no es posible hacerlo únicamente mediante el esfuerzo mental, pues el pensamiento es errabundo y no se somete con facilidad a la disciplina y el control. Ha de utilizarse con decisión la energía física, emocional y mental, en alguna actividad que valga la pena. Tal vez a una persona sometida a fuertes tentaciones le parezca inocuo este método, pero basta un esfuerzo sincero y constante de este tipo. Porque capta el interés y, en consecuencia, reduce la tentación.

Hay muchas actividades que ofrecen oportunidades espléndidas para el interés y la diversión.

Actualmente, las iglesias reconocen esta necesidad y dan énfasis a la participación juvenil en sus programas. Yo he encaminado a muchos jóvenes de ambos sexos, turbados por este problema en particular, hacia las actividades juveniles organizadas por la iglesia, y he tenido el placer de verles adquirir la técnica de la sublimación. Lo cual ha salvado en realidad (y ha hecho felices y útiles) a muchos jóvenes que, de otro modo, se habrían perdido, arrastrando a algunos con ellos. Eran jóvenes muy atractivos y "modernos" que, a pesar de toda su sofisticación superficial, libraban desesperadamente una batalla perdida con un antagonista dogmático y perentorio.

Cuando les sugería la asistencia a las reuniones juveniles de la iglesia, les veía incrédulos y, en ocasiones, francamente irónicos. Porque aquello les parecía muy soso comparado con los clubs nocturnos y demás lugares de reunión en los que estaban acostumbrados a emplear sus ratos de ocio. Así que lo juzgaban aburrido, anticuado y mojigato. Entonces les recordaba yo que su programa de actividades no debía ser tan bueno pues, de lo contrario, no habrían venido a consultarme. Les indicaba que esos grupos organizados en la iglesia estaban formados por chicos viriles y atractivos, que los programas eran creativos y modernos, y añadía: "¿Por qué acudís a mí? Si lo hacéis es porque tenéis confianza en mis consejos, ¿no?"

Les he visto enrolarse de mala gana en dichas organizaciones, con dudas mal disimuladas e incluso con disgusto, pero, en la gran mayoría de los casos, se han sentido gratamente sorprendidos al hallar esos grupos muy interesantes, con la oportunidad de un contacto personal y agradable, y con ideas e ideales que los cautivaron. Pronto descubrieron que la vida de antes sí era comparativamente aburrida y vacía.

Una noche, estando con un grupo en una reunión social en la iglesia, quedé maravillado ante la felicidad que veía en todos los rostros. Era más que simple placer. Era el brillo exterior de un gozo interno y profundo. Observé que muchos rostros parecían brillar literalmente, como se dice con frecuencia de ciertos personajes del Nuevo Testamento. Un chico de unos veinte años, con quien había hablado a veces de los problemas del sexo y la bebida, se me llevó a un lado y me hizo este comentario:

—Quiero darle las gracias por haberme metido en esto. Aquellas gentes con las que solía salir me parecen ahora unos desgraciados. Nunca me había divertido hasta que me uní a esta pandilla.

Mientras le oía hablar con aquel aire sincero y convincente, y veía sus ojos que ya no estaban turbados, sentí el contagio de su espíritu feliz. Un proceso diestro de sublimación le había transformado, liberándole y desarrollando el punto más elevado de su personalidad. Había salido a relucir lo mejor que había en él mediante la combinación de actividades idóneas y dignas, el contacto personal sano y la fe religiosa nueva y activa, que incrementaba sus fuerzas espirituales hasta el punto de que virtualmente era inmune a la tentación.

El poder de regular y controlar una tentación es resultado directo de la conversión espiritual. Pero eso no es todo. La conversión va más allá y modifica nuestras apetencias de modo que, cuanto nos gustaba y atraía antaño, ya no nos parece tan atractivo. Las cosas materiales o sensuales, los llamados placeres y disipaciones tan importantes al parecer para las gentes de mentalidad pagana, se hacen indeseables, incluso aburridos, o se ve claramente el mal que son en realidad. Uno se pregunta cómo pudo juzgarlas alguna vez tan importantes e incluso por qué le tentaron.

El hombre que experimenta esa elevación del poder de la fe ya no tiene por qué luchar para *ser bueno.* Para él ya no es un sacrificio dejar de obrar mal, porque el mal le resulta odioso. Cuando empieza a apetecer de nuevo lo que está mal, eso significa sencillamente que el poder espiritual está bajando en él, como el mercurio del termómetro en un día frío. El cazador en medio de la selva mantiene alejadas a las bestias con el fuego constante en el campamento. Si se apaga el fuego, los animales caen sobre él. Cuando el poder espiritual se eleva llameante, la tentación deja de ser un problema. Y se retira derrotada ante el brillo de esa nueva vida.

CAPÍTULO 9

LA FE QUE CURA

La fe que cura

SMILEY BLANTON

La influencia poderosa de las emociones infelices en la mente y el cuerpo fue pasada por alto por los médicos en otros tiempos. Sólo en épocas comparativamente recientes se la ha tomado en consideración.

Aquella omisión se debía a la filosofía materialista que dominara la ciencia durante los siglos XVIII y XIX, filosofía que juzgaba al hombre una especie de maquinaria química. Por supuesto, en aquella fase materialista la ciencia descubrió el control de enfermedades tales como la fiebre tifoidea, la viruela y la difteria, pero no consiguió dotar al médico del secreto de las perturbaciones nerviosas y mentales que con frecuencia afectan tan gravemente la función de diversos órganos corporales. No pudo hacer nada ante el gran número de trastornos nerviosos y mentales que llenan constantemente las salas de los hospitales.

Este lamentable concepto materialista consideraba la mente y el cuerpo del hombre como cosas separadas. Hace unos cuarenta años, cierto médico llegó a escribir que, si pudiera cortarle la cabeza al paciente cuando estaba enfermo, le curaría con mayor rapidez. No se le ocurrió que sería mucho mejor tratarle la cabeza. Al que está enfermo no sólo hay que conservarle la cabeza, sino que quizás incluso tratarla en primer lugar.

El médico moderno no considera la vida mental, moral y emocional del hombre como algo aparte de su vida física; él mira al hombre como una unidad, como un todo mental y físico.

Cuando este concepto más lógico empezó a prevalecer, y el médico comenzó a tener conciencia del paciente como una unidad indivisible, formada de mente y cuerpo, el arte de la curación hizo progresos casi milagrosos. Porque el médico comprendió que la enfermedad no sólo obedecía a anormalidades de la química del cuerpo o al debilitamiento de las defensas corporales ante los gérmenes. Podía venir causada también por la falta del ajuste emocional que da lugar a temores y odios morbosos y que determina, en consecuencia, cambios reales en la química del cuerpo. La indigestión, el funcionamiento anormal del corazón, la tensión arterial, el asma, algunos dolores, la fatiga crónica, así como los trastornos mentales y nerviosos, pueden deberse en primer lugar a una carencia de ajuste emocional y espiritual, a la incapacidad de sentirse seguro, de amar, de hallar el lugar adecuado y propio en el esquema del mundo; y a la incapacidad de tener fe.

La importancia del valor y la fe en la lucha por ponerse bien es ahora evidente. Los médicos han observado con frecuencia que, de dos pacientes con las mismas oportunidades de sobrevivir, uno muere y el otro vive. Todo cirujano sabe cuánto más peligroso resulta operar a un paciente asustado que a uno que se halla confiado y sin temor. El factor decisivo es, al parecer, la presencia o ausencia de la voluntad de vivir, una voluntad que se apoya en el valor y la fe firmes, a veces incluso inconscientes.

En cualquier enfermedad puramente física, la reacción mental del enfermo es casi tan importante para evaluar sus posibilidades de recuperación como su reacción física. En situación tan patentemente corporales como una neumonía, o la tuberculosis, o enfermedades de las válvulas del corazón o incluso, digamos, una pierna rota, no sólo existe el problema físico, sino también un problema emocional importante. Lo que una persona sienta acerca de su enfermedad determina en grado sumo si se pondrá bien o no. Y, por supuesto, determina cómo vivirá con la enfermedad, si es que ésta continua, así como el tiempo y la naturaleza de la convalecencia.

Aún hoy se cuenta una historia conmovedora, y divertida también, de la época fronteriza de Kentucky. Sucedió después de 1782, año en que la quinta parte de una pequeña comunidad fue asesinada por los indios. No había bastantes manos para hacer siquiera el trabajo más sencillo. Cada adulto resultaba muy valioso, y cada niño una carga.

Jo Craig, predicador más famoso por su enfoque franco de los problemas que por su elocuencia o diplomacia, fue llamado junto al lecho de una moribunda para escuchar sus últimas palabras. Craig la miró durante unos segundos y luego dijo:

—Ana, si mueres y dejas a todos estos niñitos al cuidado de otra mujer, tal como están ahora las cosas, ¡eso será lo más egoísta que hayas hecho en tu vida!

Se dice que estas palabras enfurecieron de tal modo a Ana, que se incorporó en la cama, con fiebre y todo, y le largó un sermón. Luego se puso bien y sobrevivió para educar a su familia y hacer su parte del trabajo. Con su franqueza, Craig había restaurado en ella el valor y la voluntad de vivir.

Pero no todos los casos son tan sencillos. El señor W.J. era un caso de fractura de cadera. Estaba al cuidado de un cirujano excelente y los huesos se habían unido a la perfección. Por regla general debía haberse repuesto por completo en seis meses. Pero, aunque sólo tenía cuarenta y dos años al sufrir la fractura, fue prácticamente un inválido durante cinco o seis años más. Se preocupaba incesantemente por la ligera cojera y hablaba sin parar del dolor, por débil que fuese. Incluso tenía miedo de que el hueso "se le rompiera otra vez", aunque le demostraran cuán poco probable era eso.

Finalmente, en las entrevistas con el psiquiatra, salió a relucir que él conducía el coche cuando ocurrió el accidente, y que el conductor del otro vehículo había resultado muerto. Aunque el tribunal le declaró inocente, siempre tuvo la impresión de que, con más cuidado y atención por su parte, podía haber evitado el accidente. Se había desarrollado en él una impresión inconsciente de culpabilidad por la muerte del otro, y se estaba castigando por ello.

La invalidez le servía también para retener el amor de su esposa, que él creía disminuido. Eso era lo que le había inquietado en primer lugar. Fue posible hacerle comprender que no se enfrentaba al problema como un adulto, y así se le ayudó a una mejor adecuación. También pudo ayudarle el pastor a conseguir cierto alivio de la impresión de culpabilidad y restaurar su confianza en el derecho que tenía a curarse.

Las enfermedades del corazón son casos en los que la actitud del paciente tiene asimismo gran importancia frente a una dolencia física.

El señor R., famoso hombre de negocios de 61 años, tuvo un ataque de trombosis coronaria. En la mayoría de los casos de este tipo, y si el paciente está dispuesto a modificar su ritmo de vida, puede sobrevivir muchos años con éxito. Pero el señor R. sentía un impulso urgente hacia los negocios que no le permitía pensar siquiera en sí mismo o en su familia. Se justificaba considerando que se ocupaba del futuro de todos aquellos por anticipado. La familia le respetaba y le amaba, pero no se sentían demasiado unidos a él porque jamás les había dado la oportunidad de estarlo. A medida que iba envejeciendo se tornaba más irritable. La menor oposición despertaba su cólera y, con ello, le subía la tensión.

Después del ataque nadie logró persuadirle para que modificara su vida. Se hizo más y más irritable, enfureciéndose por cualquier cosa ante la rutina del hospital, y finalmente se marchó de allí antes de que le dieran de alta. Volvió al trabajo y pronto tuvo otro ataque. Se retiró de los negocios y se quedó en casa, donde dedicó todo su tiempo y atención a preocuparse por cualquier síntoma que observara.

Era una figura lamentable a quien nadie podía ayudar porque él no tenía fe en nadie. Aún consiguió vivir diez años más, pero aquello apenas podía llamarse vida.

Por otra parte el señor S., hombre alegre y de trato fácil, se vio casi inválido a la edad de 63 años debido a una lesión de corazón. El doctor le animó prudentemente a que pensara que todavía le quedaban muchos años de utilidad, y que aún podía ser de gran ayuda, aunque hubiera de cambiar el ritmo de su vida por completo.

El señor S. tomó aquello como un desafío a su mente y no como una sentencia. Vino un día a la clínica de la iglesia y nos pidió que le ayudásemos a desarrollar un programa que le mantuviera mentalmente activo y feliz, pero con el mínimo esfuerzo físico.

Se decidió que cada día dedicara un breve espacio de tiempo a los negocios imprescindibles. Y resultó fácil enfocar el resto de su interés en cierta junta del hospital para la que siempre había trabajado, pero disponiendo de menos tiempo que ahora. Sus consejos resultaron muy valiosos para la junta, y además dedicó mucho tiempo del que pasaba en casa a resolver los problemas que los miembros de la misma le presentaban.

Todo ello le dio también la oportunidad de ver más a su mujer y a sus hijos, y cuando murió, a la edad de 84, la familia tuvo la impresión de que los últimos veinte años que pasara en unas condiciones que a otros habrían parecido intolerables, habían sido en realidad los más felices de su vida.

En algunas enfermedades la alegría, o al menos la conformidad pasiva ante las condiciones, es tan esencial que el paciente tiene pocas oportunidades de sobrevivir si carece de ellas.

El señor T. estaba en un hospital en el sur. Llegó allí debido a una tuberculosis pulmonar. Pero al cabo de unas semanas en el hospital, y cuando ya debía mostrar cierta mejoría, se hallaba peor. Si hablaba, lo hacía en voz baja y deprimida, y pronto se vio claro que tenía pocos deseos de vivir. Cuando el psiquiatra habló con él, salió a relucir lo siguiente:

Tenía un buen puesto de trabajo, pero le había fallado la vista y lo había perdido. La familia había gastado ya todos sus recursos y se hallaba en circunstancias desesperadas. Entonces añadió que tenía una póliza de seguros muy buena y que, si moría, su familia tendría lo suficiente al menos para pasar el invierno próximo y probablemente para empezar una nueva vida.

El señor T. tenía un tío con quien nunca había estado en buenas relaciones y a quien se había negado a acudir en busca de ayuda. Pero nos pusimos en contacto con el pastor de la iglesia del tío del señor T., y entonces resultó que la tiendecita de éste se hallaba en su mejor momento debido a un gran hospital que se construyera muy cerca, por lo que en realidad se sentiría muy complacido de poder ayudar a la esposa y los hijos mayores de su sobrino para que se establecieran allí y crearan un hogar.

La actitud y el estado del señor T. cambiaron por completo. Se sintió alegre y confiado, y además vio la posibilidad de trabajar él también cuando se recuperara. A los seis meses dejaba el hospital y cuatro años más tarde todavía vivía y estaba bien. Este fue un caso en el que la obra de la sociedad dio a un hombre la oportunidad de recuperarse. Sin un cambio en su actitud, con toda probabilidad habría muerto.

Hay ocasiones en que una enfermedad sin importancia resulta en realidad una bendición disimulada, porque obliga a pensar en las necesidades y dificultades de un individuo o familia. El caso del señor J., con la fractura de cadera, lo demuestra. Por lo mismo, la lesión de corazón del Señor S. no fue una calamidad carente de ventajas. Y, desde luego, la tuberculosisi del señor T. resultó al fin una ventaja para sí mismo y su familia.

Hay momentos en la vida de la gente en que una enfermedad u operación enfoca la atención sobre ellos y revela unas condiciones que eran destructivas para esa misma persona y que, de otro modo, se habrían ignorado.

Tal fue el caso de la señora C. J. Su marido se había entregado cada vez con mayor intensidad a los negocios y comités de diverso tipo, de modo que pasaba no sólo los días, sino también las noches, lejos del hogar. Sus hijos, dos chicas y un muchacho, ya se habián casado y trasladado a sus hogares respectivos. Con una vida tan llena no había habido lugar para las distracciones ni las actividades exteriores; ni siquiera, en su opinión, para la iglesia.

Entonces, cuando quedó tan sola, empezó a sentirse deprimida y a reconcentrarse en sí misma. Al poco tiempo el médico le recomendó una operación de poca importancia para corregir una pequeña anormalidad.

La ausencia de la casa y la estancia en el hospital sirvieron para que el marido y los hijos comprendieran el valor que tenía para ellos, y sus necesidades como ser humano. Las dos hijas tomaron habitaciones en un hotel cercano para poder visitarla a menudo. El marido abandonó ciertas actividades con objeto de planear un viaje con su esposa cuando estuviera mejor. Los vecinos vinieron a expresarle su afecto. También la visitó el pastor, quien le pidió que volviera al trabajo activo en la inglesia.

La operación apenas tuvo importancia en toda esta serie de acontecimientos reveladores. Volvió a casa sintiéndose en un ambiente distinto, con nuevos intereses exteriores en el vecindario y la iglesia, y con la comprensión nueva de su lugar en el corazón de la familia.

No todas las enfermedades terminan con tanta felicidad; no todas las tragedias se resuelven así, ni desaparecen de ese modo todas las cargas. Pero sí se libra uno de ellas con valor, y la infelicidad pierde el peso abrumador de la culpabilidad infantil mediante la comprensión y un mejor entendimiento. La piedad y el amor por los demás miembros de nuestra raza que luchan en un camino difícil y desolador, no debe oscurecer la necesidad de amor y perdón hacia uno mismo.

La capacidad de fe surge de la capacidad de amar; y la fe, que se ha definido siempre como "la realidad de las cosas que se esperan, la prueba de las cosas que no se ven", debe ser una emoción vigorosa y creciente si nuestro espirítu ha de sobrevivir.

La fe que cura
NORMAN VINCENT PEALE

Viajando por la provincia de Alberta, al oeste del Canadá, me mostraron un fenómeno natural que allí llaman la mezcla de las aguas. Dos ríos importantes, el «Caballo Coceador» (Kicking Horse) y el Yoho, se mezclan y, con el nombre del primero, corren por una serie de cañones y valles en un marco soberbio y maravilloso. En el lugar del encuentro el Yoho tiene un color blancuzco a causa de un glaciar que alimenta su sedimento glaciario con ese mismo tono.

El Caballo Coceador también surge de ese glaciar y en sus orígenes tiene el mismo contenido y color que el Yoho, pero corre a través de dos lagos de montaña antes de reunirse con éste. Entra primero en el lago O'Hara, que reduce su paso rápido de modo que el sedimento glaciario mantenido en suspensión por la corriente se hunde en las aguas serenas del lago. Luego reanuda su fluir rápido y pronto entra en el lago Waptka, de aguas más amplias y profundas. También aquí las aguas tranquilas serenan la corriente y el sedimento que no ha quedado depositado en el primer lago se precipita ahora en el segundo. Ambos son un sistema natural de filtro tan eficaz que, cuando la clara corriente se reúne con el Yoho, todavía sobrecargado de un poso blancuzco, abre una corriente azul en las aguas sucias de éste.

Del mismo modo serena y limpia la fe la vida de hombres y mujeres modernos. Esta se ha visto manchada y agobiada por una acumulación de pensamientos malsanos ajenos a ella. Conscientemente o no, ha aceptado toda esa materia extraña en forma de actitudes erróneas, tensiones, perturbaciones emocionales y culpabilidad, tanto que han formado un sedimento de mala salud. Algunos afortunados han descubierto el secreto para eliminar tales causas de trastornos emocionales y físicos. Así como el río se libra del poso atravesando un lago sereno y tranquilo, así ellos vuelven la mente a las profundidades de la religión. Viene la paz a ellos y, lo que es más importante, desaparecen esos temores y pecados que bloquean la mente y desorganizan las emociones. Tal vez se refiriera a ésto quien escribió el Salmo veintitrés cuando dijo: "El me lleva a aguas tranquilas. El restaura mi alma".

Muchos *podrían* tener hoy en día buena salud y estar libres de enfermedades emocionales y de todo tipo, si practicaran la fe y acudieran a su poder curativo.

Recientemente, un domingo, estaba yo ante el púlpito como es mi costumbre tras el servicio de la iglesia, para saludar a cuantos deseaban hablar conmigo. Observé a un joven muy agitado, indudablemente sometido a gran tensión nerviosa, que esperaba con impaciencia. Me dijo:

—Tengo que hablarle a solas de inmediato.

Le contesté que, debido a lo estricto de mi horario de los domingos, no podría verle hasta el lunes, en el período normal dedicado a las entrevistas. Pero él insistió y, como parecía fuera de sí, le envié a la sala de entrevistas diciéndole que le vería allí muy pronto.

Inicié la conversación preguntándole dónde vivía y me respondió que en Boston. Pero su acento me pareció más bien del norte de Boston y, cuando se lo dije sonriendo, me explicó que provenía de la región de los lagos y bosques del Maine. Dio la casualidad que era un domingo muy cálido y yo observé lo muy agradable que sería si estuviéramos en aquel momento en los bosques del norte, junto a un lago tranquilo. Le dije:

—Qué ambiente tan fresco y relajado, qué placer llenar los pulmones con aire cargado de pinos. . .

Me pareció un buen comienzo y seguí hablando algún tiempo de los bosques serenos, el lago tranquilo, las montañas distantes y la paz y el vigor de aquella magnífica región en la que él creciera de niño. Le hice notar que, sólo el pensar en una escena tan serena y donde reinaba la paz de Dios, me hacía bien. Era natural que pasáramos de hablar de los bosques del Maine a hablar de Dios y de su paz. Le comenté algo que a mí me ha ayudado: por el sencillo hecho de abrir una puerta en nuestra mente podemos caminar junto a aquel Ser, grande y sereno, que hace mucho tiempo nos dijo: "Venid a Mí. . . y yo os daré el descanso". Porque en la mente todavía podemos oir su voz que nos dice: "Paz, estad tranquilos".

La paz del lago y los bosques es transitoria; en cambio, Cristo dijo: "La paz os doy, no como la da el mundo os la doy Yo. Que vuestro corazón no se amilane".

Mientras hablaba observé que se iba tranquilizando y le pedí que se uniera a mí en la plegaria. Asintió y yo recé para que la paz de Dios viniera a su corazón y le llenara de una calma profunda, inmensa y permanente. Cuando terminé, él inició inmediatamente una plegaria por su cuenta pero, con gran sorpresa por mi parte, no pidió nada, no imploró a Dios que le diera paz como habría hecho un hombre desesperado. Al contrario, dijo con reverencia.

—Gracias, señor, por haberme dado tanta serenidad interior.

Fue una frase excelente: serenidad interior. Me dijo que últimamente llevaba varias semanas durmiendo mal y que había estado muy molesto debido a jaquecas y desórdenes digestivos.

Entonces le pregunté:

—Bien ¿cuál era el problema del que quería hablarme?

Pero él me tendió la mano y contestó:

—Creo que ahora lo he resuelto. Me parece que ya soy capaz de manejarlo.

¿Qué había ocurrido? Se había dirigido a Dios, y El había tocado aquella mente turbada con su paz curadora. Como resultado estaba limpia, y ahora tenía el poder necesario para pensar. Se había aliviado su ansiedad y tensión, y ahora era consciente de una nueva fuente de poder y del gozo de la impresión de esta fuerza recién lograda.

Por supuesto, desde este nivel de paz uno puede volver a caer en el antiguo reino de las sombras, ya que el hábito está fuertemente arraigado. Por otra parte, esta experiencia puede curar de modo tan completo que uno quede sano para siempre. El hecho importante de esta curación por la fe fue, por supuesto, que el joven no se detuvo a meditar en sus dudas, sino que proyectó todas esas dudas directamente hacia Dios, y así se liberó en él de inmediato el poder espiritual y fluyó en su mente con el resultado antes descrito.

Un eminente psiquiatra dijo recientemente: "La plegaria es la fuerza mayor del mundo, y es una lástima que no la utilicemos". Este hombre de ciencia cuyo campo de acción es la curación mental y el desarrollo de la personalidad declaró que, cuando consigue que sus pacientes practiquen el arte sencillo de la plegaria, ya los tiene camino a la recuperación.

Las gentes modernas que piensan y están bien informadas, empiezan a reconocer que no sólo la paz mental, sino la efectividad superior en el trabajo y la vida diaria, son resultados directos de esta práctica que estábamos acostumbrados a asociar sólo con los piadosos. Resulta significativo que el estudio científico del hombre haya dado un énfasis notable al arte antiguo de la plegaria, que algunos consideraban anticuado. Hoy en día, el verdaderamente anticuado es el que no reza. La plegaria está de moda otra vez, por la buena razón de que ya hemos aprendido que no podemos vivir sin ella si queremos ser normales y eficientes.

Algunos hombres tienen la mente tan abierta al Poder Infinito que gozan de una relación notablemente íntima con Dios. Dicen que el gobernador de un estado del Medio Oeste comentó que su método para resolver las huelgas industriales consiste en rezar y aconsejar a los representantes de los obreros y el capital que hagan lo mismo. Muchas personas se han reído a carcajadas de esta idea, ingenua al parecer, pero es un hecho que este gobernador suele tener éxito para resolver las huelgas, mientras que la sabiduría humana sin el beneficio de la plegaria no ha tenido siempre el mismo éxito. Este gobernador dice que es posible tener "una cañería" por la que lleguen los dones de Dios. No es esta ilustración todo lo afortunada que se desearía, pero sí es cierto que, cuando los hombres acuden a Dios con una fe sencilla, la abundancia con la que El derrama su poder requeriría en realidad "una cañería". Aquí está la explicación, al menos en parte, del respeto y el uso creciente del arte antiguo de la oración.

La plegaria, que es manifestación de fe, hace milagros. ¿Qué queremos decir al hablar de la plegaria? Desde luego no la recitación rutinaria o la repetición de fórmulas, ni siquiera la petición a Dios. La plegaria, según la descripción del Dr. Alexis Carrel, famoso científico, es la entrega de la personalidad a Dios como un cuadro en blanco situado ante el pintor y que le dijera: «Estoy vació; lléname a voluntad». Eso es la plegaria: el hombre ante Dios y exponiendo a sus ojos toda la vida para que la voluntad de Dios se cumpla en él.

Una vez, los discípulos se hallaban observando a Jesús en oración. Sentíanse fascinados por lo que veían: Cambiaba la expresión de su rostro, una luz interior lo iluminaba y el cansancio que sentía desaparecía como por arte de magia. Latía en El una fuerza profunda y vibrante, y todo su aspecto era exaltado y confiado. Ante sus mismos ojos estaba sacando fuerzas de fuentes ocultas de energía y gozo. Y entonces gritaron excitados: "Señor, Señor ¡enséñanos a orar!"

Habían visto la plegaria en una demostración auténtica. Esa es la clase de oración que proporciona poder, y de modo asombrosos.

¿Qué pretendemos decir al hablar de milagros? Un milagro es un fenómeno inexplicable según las leyes naturales y existentes; es una ley sobrenatural. Algo que, según el proceso habitual, no puede suceder. La consecución de resultados por encima del poder humano. La idea del milagro se ha asociado a menudo con lo curioso o grotesco, y esto dificultaba su credibilidad. Nosotros queremos decir algo distinto al hablar de milagro. Es la operación de lo sobrenatural, del poder de Dios a través de la fe receptiva del hombre, que logra lo que la fuerza y la sabiduría humanas son incapaces de conseguir. Naturalmente, no creemos en un proceso grotesco, pero sí tenemos la firme opinión de que necesitamos fe nueva en el poder de Dios para hacer maravillas hoy en nuestra vida como en el pasado.

Hace muchos siglos, los discípulos vieron que Cristo obraba maravillas y, cuando se asombraban por ello, El les decía: "Vosotros hareis cosas aún mayores". Y así fue. ¿Por qué no hacemos nosotros esas cosas mayores? ¿Por qué? La respuesta es: porque no tenemos la misma fe que ellos. No creemos con la misma sinceridad, y por tanto nos falta el poder "milagroso" que se nos ha ofrecido.

La plegaria obra realmente milagros cuando nuestra fe es activa. El Nuevo Testamento nos dice: "La plegaria fervorosa y efectiva del hombre bueno logra grandes cosas". Y, en efecto, muchos milagros de plegaria y fe tienen lugar hoy en día en el campo de la salud física y mental.

Este fue en tiempos un aspecto muy importante del cristianismo. El Nuevo Testamento está lleno de relatos de curaciones de Cristo y de sus discípulos. La tendencia de la religión cristiana ha sido ignorar este elemento curativo. Pero ahora que se ha reconocido la ciencia y que ha quedado establecida su armonía auténtica con la religión, resulta evidente que lo mismo que la ciencia ha liberado fuerzas en el mundo material, también una aplicación más científica de la plegaria y la fe tiende a liberar de nuevo las fuerzas curativas que se describen en el Nuevo Testamento como algo habitual. Yo creo que ahora existe la tendencia feliz a que la psiquiatría, la medicina general y la cirugía trabajen en colaboración con la religión, cada una en su propio campo, por supuesto, pero con el entendimiento y la comprensión de la causa común: la curación del cuerpo, la mente y el alma.

Así lo expresó adecuadamente un doctor: ''Yo traté al paciente, y Dios le curó''.

Si aceptamos lo mejor que puede darnos la ciencia médica y al mismo tiempo, mediante la fe y la plegaria, nos ponemos en manos de Dios pidiendo siempre, por supuesto, que se cumpla Su voluntad sea cual sea el resultado, recibiremos fuerzas curativas y restauradoras de eficacia notable. El director del servicio médico de un gran hospital de la universidad afirmó que, ''cuando uno se pone enfermo, debe llamar al pastor lo mismo que hace venir al médico''. O sea, que Dios ayuda al enfermo de dos modos: mediante la ciencia de la medicina y la cirugía, y mediante la ciencia de la fe y la plegria. Esto último pone la mente y el espíritu del enfermo en armonía con Dios. El médico recibe la cooperación superlativa, y así llega la curación.

Mi hermano, el Dr. Robert C. Peale, médico y cirujano, comenta:

—Debido a la fe y confianza permanentes que el enfermo o herido tiene en el Dios Todopoderoso, yo, como cirujano, veo constantemente recuperaciones que se creían imposibles. También veo los malos resultados que se deben al intento de curación mediante sólo la religión o la ciencia. Por tanto, estoy convencido de que hay una relación clara y definida entre la religión y la ciencia, de que Dios nos ha concebido ambas armas contra la enfermedad y la infelicidad, y de que, administradas en colaboración para beneficio de la humanidad, sus posibilidades son ilimitadas.

En cierta ciudad, y no hace mucho, un hombre se acercó a hablarme cuando yo di por terminado un discurso y me dijo que estaba enfermo de los nervios y que, a pesar de todas las atenciones y esfuerzos, no mejoraba. Había leído por casualidad algo que yo dijera sobre que ''el poder de la fe y la plegaria ayuda a curar la enfermedad''. Me dijo:

—Yo estaba harto de todo y, por tanto, dispuesto a probar cualquier cosa. Así que, con interés desesperado, acudí al Nuevo Testamento y leí con ansia las promesas que se contienen en él, tales como: ''Que se haga según vuestra fe''.

Finalmente, un día se dijo a sí mismo: ''Yo creo que hay algo real en esto''. Y, mediante la plegaria y la fe, se entregó en manos de Dios con el resultado de que, cuando esa noche habló conmigo, pudo decirme que era un hombre nuevo, física, mental y espiritualmente.

Más tarde investigué su caso y descubrí que, en todos los sentidos, era un ciudadano lógico, sensato y notable de su comunidad; y siempre testigo digno de crédito del valor de la religión en lo referente a la enfermedad. Al separarse de mí concluyó:

—Es una gran combinación: la plegaria y el médico.

La fe sencilla en Dios abre nuestra vida de manera increíble a las fuerzas de la curación, la fortaleza y el desarrollo. Todos los que han estudiado a fondo la humanidad saben que la cualidad escencial del hombre no es física ni material, sino espiritual. Un hombre puede llevar una vida puramente física y material durante algún tiempo, pero al fin se verá derrotado porque ha cegado la fuente de la vitalidad que es lo que permite vivir. Como un charco de agua separado de la corriente viva de un río, pronto queda estancado y sucio. El hombre se siente desgraciado e inútil porque se ha interrumpido el fluir de la fuerza que da vida. La fe sencilla y la entrega a Dios corrigen esa situación. Es maravilloso lo que hace por nosotros el intento sincero por ponernos a tono con el poder de Dios, tanto física como mental y espiritualmente.

Muriel Lester, distinguida asistenta social, nos dice que fue incapaz de soportar la tensión de sus actividades y, en consecuencia, sufrió un trastorno nervioso. La dominó una depresión insoportable y durante semanas padeció debilidad física y mental. Un día leyó que, si se echa una paja en la corriente del Golfo y en la dirección de la misma, la cualidad esencial de dicha corriente pasará a través de ella. Entonces se le ocurrió preguntarse: «Si una vida humana se pone voluntariamente en la dirección del fluir del poder espiritual de Dios, ¿no pasará en esencia su fuerza curativa por esa vida?» Decidió intentarlo. Mediante la práctica de la fe sencilla entregó completamente su vida en manos de Dios. Se colocó en cuerpo, mente y espíritu en la dirección del fluir del poder de Dios. Y no de inmediato, pero sí poco a poco, como el amanecer que va iluminando el mundo en sombras, la fuerza serena de Dios entró en su vida dotándola de vitalidad y de una capacidad asombrosa para el trabajo constructivo y notable. Nuestra generación empieza a despertar a las tremendas posibilidades inherentes a la fe religiosa, que tanto incrementa la eficacia de toda conducta humana.

En vista de éstas y otras verdades impresionantes sobre la curación por la fe, y del hecho de que estas verdades sean tan poco conocidas, no es sorprendente que el profesor de una clase universitaria de higiene mental anunciara a los alumnos que no iba a decir el nombre del libro de texto que había utilizado para preparar sus conferencias hasta el final del semestre. Cuando llegó ese momento, confesó que el libro de texto era el Nuevo Testamento y lo declaró "la obra más completa y competente de su campo", aconsejando a los estudiantes que practicaran los principios del Nuevo Testamento, que no era sólo la mejor guía en cuanto a la moral, sino también una ayuda para la buena salud.

En este volumen he destacado el hecho de que el gran secreto de la vida consistente en entregarse a la voluntad de Dios mediante un acto de fe. No puedo terminar sin declarar de nuevo, y positivamente, que también lograremos resolver cualquier problema de personalidad si nos volvemos por completo hacia Dios y abrimos nuestra mente y corazón a Su voluntad. Porque al hacerlo hallamos inevitablemente a nuestra disposición la curación y las fuerzas sanadoras superiores a todo lo descubierto en este mundo. El Nuevo Testamento, nuestro libro supremo sobre psiquiatria y religión, el volumen más noble que se ha escrito sobre la vida, declara patentemente que la fe es la llave dorada que libera un poder tan supremo que ni siquiera somos capaces de comprender.

Sólo con que creamos no habrá límite a las bendiciones que Dios derramará sobre nosotros. Se nos ha dicho que Cristo vino a darnos "vida abundante". Lo cual es algo muy distinto de —y superior a— la vida estrecha, limitada y frustrada que vivimos la mayoría. Todo el énfasis del Nuevo Testamento, que pasamos trágicamente por alto, es que Dios quiere derramar sus bendiciones hasta "que nuestra copa rebose". Ninguna bendición es demasiado grande, ningún poder demasiado fuerte, ninguna victoria demasiado completa. Todo está a disposición de quien *lo pide.*

Hay una frase algo extraña en el Nuevo Testamento. Cristo había estado describiendo las maravillas que Dios desea dar a todos diciendo a sus seguidores lo que podían tener, hacer y ser. Pero vio que no le creían, que no aceptaban lo que El les ofrecía, y por eso leemos esta frase: "El se maravilló de su incredulidad". El estaba desconcertado porque aquellos a los que se les ofrecía *todo* seguían viviendo de *nada.* Por eso hoy día el hombre medio vive de limosna espiritual cuando todas las riquezas de Dios están a su disposición si él quiere *tomarlas.*

Dejemos, en fin, que una historia del Nuevo Testamento explique lo que sucede a cualquier hombre en el momento en que cree de verdad.

Pedro y Juan iban camino del Templo cuando vieron a un mendigo cojo sentado junto a la hermosa entrada del edificio. Era cojo de nacimiento. Tantos años de incapacidad le habían anulado también el espíritu. La desesperanza, la impresión de futilidad, le devoraban el alma. No veía esperanza, ni futuro. Conseguir la limosna de un traseúnte compasivo de vez en cuando era cuanto podía esperar de la vida.

No podía saber lo que iba a significar aquel día para él, ni cómo cambiaría su vida. Encogido cansadamente sobre los escalones del Templo, los ojos mortecinos clavados en la multitud, una mano sucia extendida para recibir la limosna, de pronto se dio cuenta de que había dos hombres ante él.

Pedro y Juan se detuvieron. También ellos se habían sentido frustrados en otro tiempo, aunque de un modo distinto. Sabían que el dinero no era la solución para el problema de aquel hombre. Aunque le dieran una fortuna, seguiría siendo el mismo débil mortal, pues ambos comprendían que su dolencia era una enfermedad espiritual y no su estado exterior. Entonces recordaron lo que su Maestro había dicho en una ocasión a un hombre: que debía "nacer de nuevo". Porque el Gran Médico había hablado de una cura interior, de un cambio completo; en realidad, el equivalente a un renacimiento. El hombre había de ser otro totalmente nuevo. Esta sabiduría superior era lo que distinguía a Jesucristo como poseedor de una comprensión que no ha tenido ninguno de cuantos han estudiado a la humanidad. El cristianismo siempre ha insistido en la conversión. No hace las cosas a medias. No se contenta con curas parciales. Afirma que el único método efectivo consiste en atacar la enfermedad hasta el fondo y arrancarla de raíz.

De modo que Pedro comprendió que aquel mendigo cojo necesitaba fe, tanto en Dios como en sí mismo. Si tenía eso, el resto se le daría por añadidura. "Buscad primero las cosas del Reino de Dios... y todo lo demás se os dará por añadidura": palabras que aquí tuvieron un eco muy significativo. Pedro, fijando los ojos en el hombre que mantenía la mirada clavada en el suelo, le dijo:

—Míranos.

Mediante el magnetismo de sus ojos quería apartar la mente del hombre de sí mismo y de su miseria. Quería que alzara la vista y viera dos hombres que, como él, habían sido débiles y derrotados, para transformarse luego en hombres fuertes por el genio único de Cristo.

—Míranos— repitió Pedro, y sus ojos clarividentes parecieron taladrar aquel cerebro torpe ante él. Al hombre le resultaba difícil alzar la vista, pues llevaba ya mucho tiempo mirando al suelo.

Siempre es difícil que los hombres abandonen sus cadenas, pues aunque las odian al principio, llegan a ser para ellos cómodas y familiares tras una larga prisión—. ¡Míranos!

Las palabras, el tono, la sugerencia de poder penetraron en la mente del hombre. Sus ojos se alzaron lentamente, atraídos de modo irresistible, hasta hallarse al nivel de los de Pedro. Vio un rostro curtido por el sol, un rostro fuerte y arrugado como piedra de granito, pero era una roca que reflejaba el sol. Sin embargo, fueron los ojos de Pedro los que retuvieron los suyos. Eran unos ojos amables, pero intensos y firmes a la vez, que parecían decirle: «Tienes en ti mismo algo grande. Y puedes. Tú puedes».

Reteniendo la mirada del cojo, Pedro continuó:

—En nombre de Jesús de Nazaret, levántate y anda.

Entonces los ojos del mendigo se abrieron de par en par con temor e incredulidad. Parpadearon bajo la mirada decisiva de Pedro y su orden, y parecieron quejarse: "No puedo", decía mentalmente. "Soy cojo de nacimiento. Lo que pides es imposible". Pero los ojos de Pedro, llenos de fe indomable, retenían firmemente los suyos:

—En nombre de Jesús de Nazaret, levántate y anda.

Lentamente, como si un imán le atrajera de modo irresistible, y sin dejar de mirar los ojos firmes de Pedro, el hombre extendió la mano y se puso vacilante en pie. Probo dudoso los huesos de los tobillos, que jamás habían ejercitado su función. Poco a poco, y con mayor confianza, dejó caer todo su peso en ellos. Una mirada de incredulidad gozosa cubrió su rostro. La esperanza brilló como una luz en sus ojos apagados. Un grito involuntario de felicidad, el grito dichoso de quien se ve liberado de una muerte en vida, salió de sus labios. Sintió su nuevo poder y se olvidó de la debilidad. No es de extrañar entonces que, como dice la Escritura, empezara a dar saltos, a correr y a alabar a Dios, y entrara en el Templo con Pedro y Juan para dar gracias al Dios Todopoderoso por su liberación.

Esta historia se refiere en el libro más digno de confianza que se ha escrito. Empápese usted de ese libro, crea en él de todo corazón, practique sus principios, en especial la técnica de aplicar la fe, y le aseguro que hará el mejor descubrimiento, a saber: que para todos sus problemas LA FE ES LA RESPUESTA.

CAPÍTULO 10

CULTIVANDO LA FE

Cultivando la fe

NORMAN VINCENT PEALE
SMILEY BLANTON

Un vendedor que tenía un problema vino recientemente a la Fundación Americana de Religión y Psiquiatría, aquí, en Nueva York. La conversación que mantuvo con un consejero se desarrolló como sigue:

VENDEDOR: —Mi problema es algo que seré capaz de resolver una vez me dé usted unas cuantas sugerencias.

CONSEJERO: —Me temo que tiene una idea equivocada de nuestro programa. Nosotros no tenemos una píldora mágica para lo que le aqueja. Podemos ayudarle a descubrir la causa verdadera de su problema. Y ayudarle a que usted se ayude a sí mismo, pero esto jamás se hace en una rápida sesión.

VENDEDOR: —No es necesario que entremos en muchos detalles. Yo tengo fe. Puedo resolverlo.

CONSEJERO: —Y, ¿qué entiende usted por fe?

VENDEDOR: —Fe es . . . bien, las creencias. Yo tengo fe en mí mismo.

CONSEJERO: —¿Tiene fe en Dios?

VENDEDOR: —Sí, eso también. Creo en Dios. El puede ayudarme.

CONSEJERO: —¿Cómo le ayuda Dios?

VENDEDOR: —Bueno, cuando uno tiene problemas y reza, Dios le resuelve las cosas.

Por supuesto se veía claro que el hombre no tenía el más ligero conocimiento de Dios, ni interés en El. Una fe pasiva sí, y la vaga idea de que, en una emergencia, Dios podría ayudarle. Sin embargo, en una encuesta acerca de la fe, él figuraría entre el noventa y ocho por ciento de norteamericanos que dicen que creen en Dios.

Existe realmente un porcentaje elevado de gente que cree, que presumiblemente tiene fe en Dios. Pero esta fe en Dios no suele ser importante para la gente hasta que ha sido probada y luego, merced a esa prueba, adquiere una auténtica profundidad. Cada uno de nosotros se encuentra en un nivel distinto del desarrollo espiritual. La fe jamás es estática. Si no se la cultiva y desarrolla, lo más probable es que mengüe y desaparezca. Y esto puede ocurrir sin que la persona se dé cuenta de que está perdiendo algo muy precioso.

Por esta razón creemos necesario un capítulo especial para dar énfasis a la importancia de construir y cultivar la fe. Y, al hablar de fe, nos referimos primordialmente a la fe en Dios. Recalquemos de nuevo los dos métodos para el desarrollo de la fe mencionada en el capítulo anterior: 1) la oración habitual y la meditación devota; 2) la entrega de toda la vida en manos de Dios con una actitud de confianza infantil.

En el curso de varias entrevistas ese vendedor admitió que él no tenía la menor idea de lo que significaba entregar la vida a la voluntad de Dios. La misma palabra *entrega* le molestaba. Porque podía implicar debilidad. Se le había inculcado que debía ser autosuficiente, porque si un hombre no organizaba bien su propia vida, sería vencido.

—La ley de la jungla prevalece en la vida —le había dicho en una ocasión su hermano mayor—. Trata de sacar el mayor partido posible de todo.

Pero, cuando surgió un problema que el vendedor no pudo resolver con ese código de la jungla, se sintió vencido. Todo aquello en lo que tenía fe no le servía de nada. Y no sabía acudir a un Poder Superior porque se le había enseñado que debía ser dueño de su propio destino. Este vendedor, en vez de obtener lo que él esperaba fuera una fórmula rápida que le resolviera todo, necesitó muchas sesiones de consejo antes de lograr ajustar con realismo su enfoque de la vida. Todavía sigue esforzándose por tener fe. Algún día todo se resolverá del mejor modo para él, pero no sin auténticos esfuerzos por su parte.

La cuestión de la entrega total a Dios turba a muchos jóvenes educados en una sociedad que siempre está recalcando la autosuficiencia. Por supuesto, queremos que nuestros hijos aprendan a confiar en sí mismos y a desarrollar la iniciativa personal; necesitamos hombres y mujeres de carácter resuelto, sinceros y valerosos. Sin embargo, resulta significativo que, en una reciente encuesta Gallup, los tres hombres más admirados del mundo fueran el presidente Dwight Eisenhower, Winston Churchill y el general

Douglas MacArthur . . tres hombres que, por propia confesión, recalcaron el hecho de que se basaban en Dios y le pedían su ayuda y dirección en los asuntos de esta vida.

¿Cómo entrega uno la vida a la voluntad de Dios? Quizás el primer paso sería sustituir la palabra "entrega" por ponerse en manos de Dios, si es que aquella palabra le molesta. Pero, sea cual sea la que utilicemos, el significado es el mismo. Una persona ha de admitir sinceramente, en primer lugar, que él no es lo bastante grande como para gobernar su vida sin la ayuda de Dios. Esto resulta una concesión muy difícil para algunas personas, sobre todo porque temen que Dios querrá privarles de algunas de sus actividades y placeres. Pero, si un hombre se halla involucrado en malas acciones, esto siempre le bloqueará en su relación con Dios. Es imposible entregarse por completo a Dios sin tratar de conquistar incluso el área más pequeña de pecado.

Un joven que conocemos, llamado Gary, anhelaba hallar algo que creer y en numerosas ocasiones había dicho que esperaba formar parte de una cruzada por la justicia y la mejora del mundo. No es que se hubiera apartado de Dios; sencillamente, no juzgaba importante ni interesante la religión. El proceso, lento y prolongado, por el que eventualmente llegó a tener una fe plena en Dios, duró mucho tiempo.

Durante sus años de universidad —como la mayoría de los estudiantes en los años treinta— Gary centró su fe en el materialismo: "Una casa con una valla en torno, una linda esposa esperándote en la puerta principal, el coche en el garage, un mueble bar bien servido, el carnet de socio del club de campo local . . . eso es lo definitivo. Junto con un trabajo bien remunerado que lo pague todo, por supuesto", admitía.

Con la Segunda Guerra Mundial llegó un periodo de florecimiento económico. Sin embargo, algunas cosas materiales de los años cuarenta no dieron a Gary la felicidad que se suponía podían aportarle. Su fe en el materialismo como la respuesta completa a la vida fue desvaneciéndose y murió.

Durante la guerra, Gary fue piloto de las Fuerzas Aéreas. En aquellos años intensos casi todo quedó olvidado a no ser los hechos elementales de la muerte y la supervivencia.

—Todos estábamos aterrados —declaró—, aunque no nos gustaba admitirlo. Y los que carecíamos de una fe auténtica en Dios habíamos de tener fe en algo. Para algunos de nosotros, ese algo era lo que ustedes llamarían indiferencia. Una especie de enfoque de la vida. Llegamos a convencernos de que no nos importaba vivir o morir. La vida, en nuestra opinión, no significaba mucho. Esta filosofía nos ayudaba a vencer nuestros temores.

Gary salió de la guerra sano y salvo en todos los sentidos menos en esto: su fe en ese algo llamado "indiferencia" se vino abajo. En un mundo civil y competitivo, en el que el temor a la muerte ya no formaba parte de la vida diaria de cada uno, la indiferencia, según él lo declaró, "me era tan útil como las botas de soldado".

Como el materialismo y la indiferencia no le facilitaron un estilo de vida satisfactorio, entonces acudió con cierto escepticismo a la religión. En varias ocasiones asistió al servicio en la Iglesia Colegiata de Mármol. Cuando se le pidió que viniera a una reunión de jóvenes, se encogió de hombros y lo rechazó como "cosas de críos".

—Jamás he conocido a una chica atractiva en la iglesia —comentó con alguien—. Lo cual revelaba simplemente cuán poco conocía la iglesia en verdad.

Sin embargo, algo debió impulsarle, porque sí apareció una tarde en el grupo de jóvenes. Quedó sorprendido al encontrar allí a gentes amistosas y atractivas. Uno del grupo pidió a Gary que presentara la crítica de libros en el programa de la semana siguiente. Se sintió demasiado sorprendido para negarse.

Poco después de su entrada en el grupo, se rebeló ante la idea de la entrega de uno mismo a Dios.

—Eso no es para mí —dijo sencillamente—. Yo no necesito ayuda para dirigir mi vida. Después de todo, acabo de sobrevivir a una guerra.

—Lo que te ocurre, Gary —le contestó un amigo—, es que tú opinas de la religión como si todo fueran prohibiciones: lo que *no* has de hacer. La entrega a Dios no significa necesariamente que hayas de abandonar todo aquello que deseas hacer. Piensa en cambio en términos de lo positivo: lo que *sí* has de hacer. Algunas diversiones de otro tiempo ya no te parecerán esenciales porque otras actividades nuevas acapararán tu interés. Y te maravillará la impresión de aventura que puedes tener si Dios dirige tu vida.

Gary le escuchó, pero no quedó convencido.

A los pocos meses, ese joven que dijera que jamás se había encontrado con una chica bonita en la iglesia, conoció precisamente en ella a una hermosa muchacha, Marjorie, que también estaba dando sus primeros pasos en la vida espiritual a través del grupo de jóvenes. Se comprometieron. Luego, mientras asistían a un retiro de fin de semana, todo se les hizo muy claro mediante una experiencia espectacular. Durante una reunión nocturna del sábado, varios jóvenes, incluidos algunos matrimonios, dieron testimonio personal de cómo la fe en Dios había hecho su vida apasionada y digna de vivirse.

Gary dijo más tarde:

—Estando sentado de cualquier modo allí, en el gran salón, caldeado por el fuego, sintiendo también la felicidad, la sinceridad y la dedicación de aquellos jóvenes, supe de pronto que yo quería lo que tenían ellos. No creo que estuviera dispuesto entonces a cualquier sacrificio auténtico por conseguirlo, pero comprendía que era bueno, adecuado y, sí, algo maravilloso.

Después de la reunión, Gary y su novia salieron de la casa de retiro y hablaron. Ambos admitieron el mismo anhelo.

—Hay una capilla dentro de la casa —sugirió Marjorie—. Vayamos allí y digámosle a Dios que esto es lo que ambos queremos para nuestro matrimonio.

Así describió Gary más tarde lo sucedido:

Algo en mí se revelaba a la sugerencia de Marge. Cuando llegamos a la capilla todavía me sentí más desconcertado al ver que había alguien más allí. Le sugerí que nos sentáramos al fondo pero ella agitó la cabeza y dijo: "Vamos a arrodillarnos ante el altar".

Eso casi me aterró. Todo cuanto yo juzgaba anticuado y repelente de la religión, pareció centrarse en la idea de arrodillarme. Era sólo una debilidad. Resultaba violento. Uno se hacía notar. Y era incómodo. No podía seguir adelante con ello. Sin embargo, Marge se dirigió sin una pausa y valientemente al altar de la capilla. Esto es demasiado violento, me dije, especialmente porque hay testigos. Quería hacerla retroceder. Quería decirle que esperara al menos a que estuviéramos solos y nos tomáramos el tiempo necesario para meditarlo todo. Pero, no sé cómo, ya estábamos ante el altar. Recuerdo vágamente que tenía las rodillas rígidas, tiesas. No podría hacerlo . . . Y entonces me ví de rodillas.

Marge deslizó su mano fresca en la mía y todo fue diferente. Ya no me importaba que hubiera alguien más en la capilla. Como si hubiera cien personas, era igual. Marge susurraba ahora una plegaria. Jamás la había visto tan radiante y gloriosa. Ni la había amado tanto. De pronto me hallé rezando. ¡Quería hacerlo! ¿Qué me había sucedido? Esto es lo que dije: "Dios mío, toma nuestro matrimonio y haz con él lo que quieras. Te entrego mi vida, Señor, aquí mismo y ahora".

Entonces hubo una impresión de exultación triunfante en mi corazón. Toda la capilla se iluminó. Y deseé que todo el mundo supiera que al fin había encontrado aquello que había estado buscando.

Nada ha vuelto a ser lo mismo para este matrimonio. Una vez ganó la batalla de arrodillarse ante Dios, su comunicación con El quedó restablecida. Por lo visto, dio la casualidad de que el hecho de arrodillarse era el punto focal de resistencia en el caso de Gary. Tal vez para otros sea la Escritura, o el ritual de la iglesia, o *un clérigo en particular,* o un pecado cuidadosamente guardado, o cien cosas más que bloquean su comunicación con Dios. Tanto para Gary como para Marge, la aventura del cristianismo empezó con la experiencia de la capilla. Han pasado algunos años desde entonces. Gary ocupa un puesto de gran responsabilidad, tienen hijos y, sin embargo, ambos encuentran tiempo para enseñar en la escuela dominical, asistir a retiros, recibir a grupos en su casa para el estudio de la Biblia y, en cuanto surge la oportunidad, compartir su experiencia cristiana con los demás. Constantemente están cultivando su fe.

Con objeto de ayudar a los que acuden a nosotros en la Fundación Americana de Religión y Psiquiatría, insistimos siempre en el hecho de que Dios es un Dios de amor. Para algunas personas, la fe no empieza a desarrollarse hasta que este hecho queda establecido. Porque, más que cualquier otra razón, la falta de amor en la familia es lo que motiva el cinismo, las dudas, el temor y el resentimiento. Estos obstáculos a la fe originan a su vez enfermedades mentales y emocionales de todo tipo.

Una joven muy bonita vino a nosotros en busca de ayuda. Sin embargo, y por extraño que parezca, sus primeras palabras demostraron que se consideraba no sólo poco atractiva, sino decididamente fea.

—Tengo la nariz demasiado larga, doble barbilla y un cutis horrendo —nos informó, aunque no era cierto en absoluto—. Y lo que es más: no puedo ponerme en traje de baño —terminó.

—¿Por qué no? —preguntó amablemente el consejero.

—Por las venas de las piernas. Resaltan de un modo horrible.

Descubrimos que era adoptada, y que la madre no tenía el menor conocimiento sobre la educación de los niños. Pensaba que debía evitar que la muchacha fuera vana y presuntuosa. Jamás la alababa cuando hacía algo bien. Nunca la felicitaba por su aspecto, ni le decía cuán atractiva era, y no la dejaba usar maquillaje aun cuando todas las amigas lo hacían del modo adecuado. El padre, un hombre muy ocupado, se mostraba totalmente indiferente hacia ella. Fallaba la fe, en primer lugar, porque sus padres jamás le habían dado una demostración de cariño.

Entonces conoció a un joven magnífico que logró restaurar parte de la confianza que debía tener, pero aún le faltaba fe en sí misma. Cuando ya estaba vestida de novia y a punto de salir para la iglesia, preguntó a su padre qué tal estaba. Le dijo:

—Padre, ¿no puedes decirme algo? ¿No puedes decirme que estoy bonita?

—Creo que te has pintado demasiado los labios —contestó él.

La muchacha estalló en lágrimas y se casó con los ojos enrojecidos. Se necesitaron muchas horas de consejo para restablecer en ella la fe en sí misma, en el mundo y en Dios. Tal vez jamás hubiésemos podido ayudarla a vencer el terrible complejo de inferioridad, tan arraigado, de no contar con la colaboración de su marido, hombre paciente y que la amaba mucho.

Un caso algo similar fue el de un joven brillante y artista que vino a nosotros porque sufría de ansiedad, depresión y una impresión de debilidad extrema. Su padre era un hombre de negocios de éxito, que casi siempre estaba fuera de casa. Su madre estaba plenamente dedicada a las buenas obras y apenas le hacía caso.

Cuando el joven mostraba al padre sus cuadros, que eran excelentes, éste decía:

—No veo nada especial. ¿Cuánto te pagarán por eso?

Se desarrolló en él una impresión de inferioridad acerca de sí mismo y de su trabajo, y en este proceso llegó a ser un escéptico total en lo referente a la religión. Sucede con frecuencia que, cuando un joven no encuentra amor en los seres humanos más próximos, piensa que tampoco existe en Dios, ni en nadie. Había estado enamorado en dos ocasiones, y en ambas le dejaron ellas . . . Le abandonaron, en su opinión. En realidad las dos chicas le habían dejado porque él era negativo, no tenía vitalidad, y sus periodos de depresión eran muy difíciles de soportar.

El psiquiatra pudo descubrir al joven artista que tenía en el subconsciente una gran dosis de hostilidad hacia sus padres, y que ésta era una de las causas de su ansiedad y debilidad. También pudo probarle que no tenía prácticamente fe en sí mismo, y que, incluso cuando terminaba un cuadro excelente, él mismo le restaba importancia como hacía su padre.

Afortunadamente, uno de los pastores estaba familiarizado con el arte y comentó con él que un artista tan grande como Leonardo da Vinci se pasó la vida expresando verdades espirituales a través de la pintura.

—Leonardo da Vinci siguió pintando y creando hasta la edad de casi cien años —dijo el pastror—. Estudie su obra y verá en ella cualidades de auténtico amor y fe.

Una vez captado así el interés del joven, el pastor pudo explicarle entonces que, antes de llegar a amar a otros, uno ha de aprender primero a amarse a sí mismo. Lo cual no significa un amor presuntuoso y autoindulgente, sino un amor respetuoso hacia uno mismo. Es fácil que alguien llegue a despreciarse cuando se yerra y se cometen pecados. ¿Cuántas veces hemos oido decir a una alma turbada?: "¿Siento odio hacia mí?" Y en ese grito de desesperación está implícita la falta de fe. Sin embargo, mientras esa persona no se perdone a si misma y aprenda a amarse como una de las criaturas de Dios, hecha a Su imagen y semejanza, no llegará a amar a otros. Con la capacidad de amar a los demás viene el amor de Dios. Perdonarse a sí mismo, amarse, amar a otros y amar a Dios, éstos son los pasos específicos que han de seguir algunos para construir su fe.

Otra barrera para la fe es lo que llamamos racionalización, es decir: dar razones para nuestros actos aunque no sean las razones auténticas. Una persona que no era sincera consigo mismo, ni con los demás, nunca tendrá una línea clara de comunicación entre él y Dios.

Los que sienten una hostilidad declarada hacia Dios están, en cierto modo, más cercanos a la fe que los completamente indiferentes. Un psicólogo habló del hombre que insistía tercamente:

—No hay Dios— decía, cuando el hecho de que insistiera tanto significaba que se resistía al anhelo de abrazar a Dios y a todo cuanto El representaba.

—Lo que pretendía decir —continúo el psicólogo— era: "No hay Dios en mí". Una vez se libró de la hostilidad, fue muy sencillo que las ideas sobre la fe y el amor entraran en aquel vacío.

Otro hombre estaba resentido contra Dios porque se le había metido en la cabeza la idea de que Dios prometía el cielo a la gente, a condición de que fueran buenos.

—Yo no quiero hacer un trato con Dios —decía—. La mayoría de la gente parece sufrir de reblandecimiento del cerebro por el modo en que van hablando por ahí de que Dios les ama y todas esas bobadas.

Afortunadamente, este hombre hizo amistad con un pastor, el cual fue lo bastante inteligente como para no intentar modificar enseguida su punto de vista. Un día, y por casualidad, el pastor le comentó la historia del hijo pródigo:

—Aquel joven cometió todos los errores en que puedas pensar y, sin embargo, cuando volvió a casa humillado y vencido, su padre no le dijo que tendría que trabajar en la granja durante un año antes de perdonarle. Ni le hizo pregunta alguna. Sólo le amó. Esa es la clase de amor que Dios está dispuesto a darnos a todos.

El incrédulo confesó más tarde a su amigo el pastor que este relato fue lo que le abrió los ojos, y el punto de partida de su vuelta a la fe en Dios.

Los pecados y errores, más que cualquier otra razón, son los que bloquean a la gente en su relación con Dios. Y no sólo el pecador se aparta del amor y del poder que vienen con la fe, sino que con frecuencia influye y contamina a parientes y amigos. Un chico, en ausencia de su padre, descubrió que su madre tenía relaciones amorosas con otro hombre. Dos noches más tarde le atraparon robando un coche.

—Todo está podrido . . . Ya no quedan personas buenas . . . Es mejor que me aproveche mientras pueda —dijo amargamente a un asistente social.

Con el corazón destrozado, se había ido a vagar por el vecindario creyéndose un gángster. Y el paso siguiente fue un acto criminal. Para reconstruir la vida de este muchacho con ayuda del amor y la fe se necesitará un buen consejero y tal vez años de esfuerzo. Multipliquen este ejemplo por decenas de miles y tendrán el cuadro del auténtico cáncer de nuestra sociedad.

Pero la barrera más insalvable para la fe es la impresión de autosuficiencia, esa idea tan poco realista de que uno puede lograrlo todo por sí mismo. Algunos están convencidos de que han de hacerlo todo solos. No tienen fe en los demás. Como resultado, no pueden delegar autoridad, ya que están convencidos de que no hay nadie capaz de hacer el trabajo como ellos. Están tan centrados en sí mismos que no creen en ningún poder ni en idea alguna por encima y fuera de sí mismos. Se niegan a admitir que necesitan la ayuda de los amigos, el médico, el pastor ni siquiera de Dios.

Si usted sólo cree en sí mismo, ¿por qué ha de hacer sacrificios por otros . . . y por Dios? ¿Por qué ha de soportar el dolor y las dificultades por los demás? La falta de fe, o la pérdida de la misma, es un camino que lleva de la vida hacia el olvido.

Cuando cultivamos la fe, ésta moviliza todas nuestras fuerzas, disipa todos nuestros temores, desarrolla una autoconfianza humilde, crea una impresión de seguridad y certeza en las leyes del universo, y nos da la impresión de pertenecer a un grupo como uno más de los hijos de Dios.

La fe mueve montañas. Extrae de la persona cada onza de su capacidad y habilidad. Sin embargo, hay una diferencia entre soñar despierto y tener fe.

El que sueña despierto pierde con frecuencia el contacto con la realidad. Al mismo tiempo, olvida que la fe sin obras no es nada. Lee la promesa de la Biblia que dice: "Con Dios todas las cosas son posibles . . . ", y se detiene allí. Luego reza pidiendo algo que desea, y espera que se materialice. Cuando esto no sucede, afirma que la fe y las plegarias no funcionan.

Este tipo de enfoque a la fe es un fraude, un engaño. Dios no nos debe nada; en cambio, nosotros sí le debemos a El todo cuanto somos y tenemos. A través de Cristo, sin embargo, llegamos a saber que Dios nos ama, y que enriquecerá nuestra vida si nos colocamos en la corriente de su poder y amor. Una vez comprendida esta idea, el hombre debería preguntarse a sí mismo: ¿Vale la pena mi propósito? ¿Es algo que Dios quiere que consiga? ¿Estoy dispuesto a trabajar intensamente por conseguirlo? Y, si sabe con sinceridad que las respuestas a estas preguntas son afirmativas, entonces realmente no hay límite a lo que puede conseguir.

Es emocionante leer la historia de Ike Skelton, que aprendió en la adolescencia lo que a algunas personas les lleva toda una vida descubrir. Cuando era estudiante de la academia Wentworth, en Missouri, hace unos años, Ike se vio atacado por la forma más virulenta de poliomielitis a los trece años. Los médicos tenían pocas esperanzas de su recuperación. Pasó semanas paralizado y en coma.

Pero ellos no contaban con la fe indomable del muchacho, cuyo corazón valiente ignoraba el significado de la palabra rendición. Desde sus primeros recuerdos, Dios era para Ike un Amigo, el Ser que podía ayudarle, Aquel a quien acudir en momentos de triunfo, así como en momentos de apuro. Jamás se le ocurrió que Dios no le ayudaría a vencer la polio y a ponerse en pie de nuevo. ¿Por qué? Porque Skelton había confiado a Dios una y otra vez su anhelo por ser un atleta.

El muchacho logró sobrevivir, pero no sin pagar un alto precio. Las piernas quedaron perfectamente; no había daño permanente en los órganos vitales, pero los brazos le quedaron totalmente inútiles. Le caían inertes a los costados.

He aquí un test crucial de la fe. En este punto Ike podía haberse sentido derrotado y, en consecuencia, haber perdido la fe. O bien haber aceptado ese handicap como el punto de partida de un nuevo programa de desarrollo de la fe. Pero analizó cuanto tenía y decidió que aún había muchos logros a su alcance. Por supuesto, deportes tales como el tenis, el baloncesto o la pelota base eran imposibles. Sin embargo, algo le quedaba: las carreras. Aún podía correr. Tendría que trabajar mucho más en ello, eso era todo.

Ike volvió a la academia Wentworth y, con gran sorpresa de los estudiantes y de su entrenador, no sólo se enroló en el equipo de corredores, sino que eligió la carrera más difícil: la de dos millas. Durante toda la primavera se hizo familiar la figura de un chico ágil y decidido, con los brazos colgando inútiles a los costados, entrenándose metódicamente por la pista. Hora tras hora, día tras día, trabajaba para controlar las piernas y la respiración de modo que pudiera competir al menos en una carrera en el encuentro definitivo con la academia Kemper, eterno rival de Wentworth.

Cuando llegó el día del gran encuentro, el entrenador inscribió al chico en la carrera de las dos millas. En el punto de salida él mismo hizo un corte en el lado izquierdo de los pantalones de Ike para que su brazo inútil quedara sujeto con esparadrapo a la pierna izquierda desnuda. El brazo derecho quedó firmemente asegurado en el bolsillo de la camiseta.

Entonces sonó el disparo de salida y todos arrancaron. Los espectadores, por supuesto, estaban interesados en un solo corredor: Ike. Con fiera decisión, el joven Skelton no vaciló, ni falló. Cruzó la línea de meta y fue alzado en hombros por sus compañeros de equipo para recibir la mayor ovación del día.

No ganó la carrera. No llegó el segundo. Ni el tercero. Llegó el último, y con toda una vuelta de retraso en relación con los demás corredores. Sin embargo, a nadie le importó. El dio todo cuando tenía, y hubo pocos espectadores que no tuvieron un nudo en la garganta al verle llegar. No importaba el hecho de ganar o no la carrera, porque la victoria personal de Ike había sido mucho mayor.

No sabemos dónde está Ike hoy en día, pero un hombre con esa fe en la voluntad de Dios para su vida, jamás carecerá de las cosas importantes de este mundo.

De la experiencia de muchos años de consejo le ofrecemos estos modos de cultivar la fe como un resumen de sugerencias:

1. Acoja los problemas y dificultades como obstáculos naturales, incluso necesarios, en su escalada hacia la fe.
2. Analícese a sí mismo con sinceridad y regularidad para des-

cubrir qué pecados y debilidades bloquean su relación con Dios. Concentre una atención especial en su mayor debilidad, ya que pude convertirse eventualmente en su mayor fuerza.

3. Entregue su vida a la voluntad de Dios. Luego repita con regularidad esa declaración: "Yo me entrego . . . ", lo mismo que expresa frecuentemente el cariño que siente por su marido, su esposa o sus padres. Muchas personas empiezan cada día con la repetición de su voto de entrega a Dios.

4. Guárdese del orgullo en el progreso espiritual. Al orgullo sigue pronto un retroceso. Por otra parte, no se desanime si cae. Siempre puede comenzar de nuevo, desde cualquier posición.

5. Desarrolle la fe mediante prácticas religiosas específicas: la oración y la meditación, la lectura de la Biblia y la participación en las actividades de su iglesia.

CAPÍTULO 11

APRENDIENDO A ORAR CON EFECTIVIDAD

Aprendiendo a orar con efectividad

NORMAN VINCENT PEALE
SMILEY BLANTON

¿Cómo debo rezar. . . ? ¿Dónde y cúando es el mejor momento para rezar. . . ? ¿De qué deben tratar mis plegarias. . . ? ¿Por qué no se responde a mis oraciones. . . ?

Estas y otras muchas preguntas acosan a los consejeros espirituales cada día. Como resultado, se ha escrito mucho acerca de la oración. Libros y revistas están llenos de alabanzas de la plegaria como la fuerza más poderosa del mundo, más que la bomba termonuclear. Y, sin embargo, es sorprendente qué poca atención se ha prestado a lo específico de su aprendizaje, a las técnicas, el proceso que, paso a paso, ha de seguir una persona para que su oración sea realmente efectiva. Porque esto es un arte. Y debe cultivarse como cualquier otro.

Pero esto no quiere decir que toda plegaria debe seguir un plan cuidadosamente programado. Una de las súplicas más efectivas a Dios es la petición angustiada de una madre sentada junto a su hijo gravemente enfermo, cuando alza los ojos al cielo y grita: "¡Por favor, Dios mío!" Porque una oración efectiva puede ser simplemente un pensamiento fervoroso.

Muchos, por desgracia, se detienen ahí. ¡Cuánta diferencia hay entre un hombre que utiliza sólo esta plegaria ocasional e impulsiva, y el que ha aprendido a hacer de la oración parte importante de su vida diaria! Este, con su vida de oración bien ordenada, ha aprendido a liberar todas sus fuerzas creadoras, ha aprendido a vivir en armonía con Dios, con sus congéneres y consigo mismo. Tiene una relación personal y rica con Dios, y lo manifiesta en su gozo de vivir.

¿Cómo llegar a esta vida de oración realmente efectiva? Hay algunos pasos a seguir.

El primer requisito para aprender a orar con efectividad consiste en establecer uno mismo su propio laboratorio de investigación de la plegaria. En esta época científica que nos toca vivir hemos llegado a basar prácticamente todas las áreas de la vida en la investigación. En el campo de la educación, del gobierno, de la industria, de la química, se inventan nuevas técnicas mejoradas para mantenerse al ritmo de la época. Por tanto, también debe aplicar usted ese impulso creativo a la mejora de su vida espiritual.

Pero ¿cómo lograr la investigación personal y constante de la oración? Dos hombres que conocemos pueden servirle de ejemplo. Uno es profesor de declamación en la universidad Redlands. El otro es un famoso escritor y directivo del *Reader's Digest,* Paul de Kruif. Veamos cómo realizaron su investigación de la oración.

Debido a la tensión de su trabajo, allá en 1949, el Dr. William Parker empezó a sufrir de úlcera de estómago. Psicólogo experimentado, realizó todos los tests a su disposición y descubrió en sí mismo el fallo personal que había determinado la úlcera.

—Sin embargo, saber cuál era la causa y curarla eran dos cosas distintas —nos dijo Parker recientemente, cuando visitó nuestra Fundación Americana de la Religión y la Psiquiatría, aquí, en Nueva York.

En su búsqueda de la cura se le ocurrió la idea de probar la oración. ¡Entonces descubrió que no sabía rezar! Por supuesto, William Parker conocía algunos ejemplos de oración formal. Sabía que la oración era un medio de comunicación con Dios, pero, como científico, no podía creer que el simple recitado de unos cuantos pensamientos egoístas lograra la transformación interior que él necesitaba para que sanara su úlcera.

Como el científico que trabaja en su laboratorio, Parker empezó a hacer experimentos con la oración. Al fin dio con la gran importancia de la "identidad" en la oración. Todos anhelan rezar a "Una Persona" que puedan visualizar con los ojos y la mente. Esto le llevó a la vida de Cristo. Mientras leía todo cuanto caía en sus manos sobre el Maestro, se sintió notablemente impresionado por la escena llena de vida de la plaza del mercado. Jesús, con amor, amabilidad y perdón, impidió que la multitud lapidara a la mujer sorprendida en adulterio.

—Allí tenía un tipo de compasión necesaria para los enfermos, los física y emocionalmente enfermos —dice el Dr. Parker—. Yo mismo la necesitaba. De modo que imaginé a Cristo en la plaza del mercado y dirigí mis oraciones a su imagen.

Al cabo de unos meses la úlcera había desaparecido.

Ahora bien, esta curación no resultó de unas cuantas plegarias egoístas en las que Dios era simplemente el medio para lograr un deseo personal. El Dr. Parker se pasó días y semanas leyendo la vida de Jesús, absorbiendo sus enseñanzas. El resultado fue que cristalizó sus descubrimientos en cuatro técnicas principales para la plegaria efectiva:

1. *La entrega de uno mismo.* Es muy importante que usted entregue todo su mundo de sentimientos interiores a un Poder mayor que el suyo.

2. *La oración tenaz.* Al orar de modo repetido y tenaz, el pensamiento se grabará eventualmente en su subconsciente y será parte de usted.

3. *En la plegaria, véase como desea ser.* Que no sea una oración egoísta y pidiendo la salud, sino la afirmación de la curación del elemento malsano en usted.

4. *Una oración disciplinada.* Rece en momentos específicos. Con regularidad. Y tenga un propósito específico en la oración.

Estas fueron las técnicas que curaron la úlcera de estómago del Dr. Parker. Como resultado de esta experiencia, decidió iniciar un curso de terapia de la plegaria en Redlands. En su curso combina el uso de tests científicos con las instrucciones de los clérigos que acuden a hablar allí.

La primera clase de terapia tuvo lugar en 1951. Ningún curso, en ningún programa universitario, estuvo más solicitado que la clase de oración del Dr. Parker. En realidad no forma parte del programa habitual, sino que está abierto a personas de cualquier edad, color o credo. Es gratuito. Los solicitantes son cuidadosamente seleccionados por el Dr. Parker entre los muchos centenares que desean inscribirse cada año, y se eligen unos 25 para el curso.

Al final del primer año se observaron estos resultados: un estudiante se había librado de sus úlceras: otro dejó de tartamudear después de años de intentarlo sin éxito; un profesor, retirado por la tuberculosis, volvió a la enseñanza.

Una de las historias más espectaculares que el Dr. Parker nos contó en su visita reciente a Nueva York, se refería a una epiléptica de su clase de 1952. En la primera sesión el Dr. Parker se puso de pie ante la clase y, como introducción, pronunció unas palabras en las que no se mordió la lengua.

—No tenemos una fórmula curalotodo, no somos curanderos. Nuestro empeño es un enfoque científico de la plegaria y de su efecto sobre el subconsciente. Cada uno de ustedes está aquí porque tiene ciertos fallos físicos o personales que desea corregir. Nadie ha venido para juzgarse a sí mismo o a otro. Mediante los test psicológicos descubrirán cosas acerca de sí mismos que no les gustarán. No esperen cambiar esos fallos sin cierto dolor.

Pocos minutos más tarde, una mujer de mediana edad tuvo un ataque. Fue algo bastante difícil y desagradable para la mujer, la clase y el profesor. No podían hacer nada por ayudarla, de modo que el Dr. Parker sugirió que la clase callara por unos momentos y todos pensaran en ella con compasión. Al cabo de diez minutos cesaron los espasmos, la mujer se secó el rostro y se arregló el cabello. Algunos esperaban que ella se fuera toda apurada. Y probablemente lo habría hecho; pero algo en la actitud serena de la clase la tranquilizó. Y se quedó allí.

Esta epiléptica había estado sufriendo tres ataques al día. Los test demostraron que no era una epilepsia orgánica, sino lo que el psicólogo llama una «pseudoepilepsia», que puede desarrollarse a partir de un problema emocional profundo. Las sesiones de consejo la ayudaron a sacar al exterior el hecho de que ella tenía un problema de hostilidad hacia los demás. Le hicieron comprender que la oración no podría ayudarla hasta que se enfrentara a este problema básico. Cuando lo logró, se le enseñó a orar con efectividad.

Al final del curso, la mujer escribió esta carta calurosa al Dr. Parker:

> Mi marido y yo hemos comenzado de nuevo nuestro matrimonio. Esperamos un hijo dentro de seis meses, y ya llevo seis sin un ataque. Estamos muy agradecidos a Dios.

El interés por seguir ese curso de terapia de la oración, la búsqueda constante de respuestas espirituales que se plantean hoy en día millones de personas, y el estilo metódico con que muchos se acercan a la religión, indican que este resurgimiento actual de la fe es algo más que un capricho emocional.

Típico de este enfoque analítico es el del segundo de nuestros investigadores de la oración, el Dr. Paul de Kruif. Incluso tituló ''Investigación de la plegaria'' un artículo que escribió para la revista *Guideposts,* en el cual el famoso autor del libro *Cazadores de microbios* decía: ''Durante los cuarenta primeros años de mi vida no sabía rezar. ¿Por qué no? Sencillamente, porque la ciencia no podía demostrarme la existencia de un Dios a quien rezar''.

Pero lo que no pudo hacer la ciencia por De Kruif, sí lo consiguió un amigo devoto. Este hombre, antes alcohólico, enseñó a De Kruif lo que él llamaba ''la adoración por razones propias''. De modo que éste, comportándose como un niño, empezó a hacer esfuerzos torpes por rezar. Hombre de gran energía y vitalidad, Paul de Kruif, una vez iniciaba algo, jamás quedaba satisfecho con un esfuerzo a medias. Así comenzó a trabajar en secreto y con diligencia de la oración. ''Por primera vez en mi vida de adulto dije 'Dios' en un susurro, y no maldiciéndole'', admitió. ''Ese fue el principio de una dura batalla contra mi opinión de 'yo soy el mejor' que tanto daño me había hecho hasta entonces''.

La lucha duró cuatro años en los que el famoso escritor se fue librando de sus defectos fundamentales. Finalmente redactó su oración, por la que no cree merecer una distinción literaria ni afirma que pueda transformarse la vida de cualquiera. Sin embargo, para él supuso el descubrimiento de la fe y la relación personal con Dios. Hela aquí:

> Señor, ayúdame a hacer en este día lo que está bien. Que se haga *Tu* voluntad y no la mía.
>
> Ayúdame a aprender mejor cuanto debo hacer, y a hacerlo después por mucho que me cueste.
>
> Ayúdame *ahora* a luchar contra los pensamientos vanos y a pensar únicamente en lo que todos pueden saber.
>
> Ayúdame siempre a culparme a mí mismo, y a dar sin pensar en recibir.
>
> Señor, incrementa mi fe en Ti. Que se haga *Tu* voluntad y no la mía.

Las palabras clave de esta plegaria, según De Kruif, son ''Que se haga Tu voluntad y no la mía''. En este punto es donde fallan las súplicas de la mayoría. Algunos piensan en la oración de modo casual, casi desdeñoso. Igual podrían estar hablando con Santa Claus, teniendo en cuenta la poca importancia que dan a la comunicación o al Ser que la recibe. El egocentrismo de una persona es tan fuerte que con frecuencia, como en el caso del Dr. De Kruif, se necesita mucho tiempo y gran experiencia para serenarlo.

Estos dos hombres que han investigado la oración pueden servir de ejemplo. Utilice usted cualquiera de las técnicas que ellos han desarrollado. Pero, sobre todo, tenga presente que la investigación ha de ser cosa suya. Y, a lo largo de unos meses, usted desarrollará sus propios métodos de oración.

Supongamos que ha decidido embarcarse en un experimento constante con la oración. ¿Por qué reza? ¿Por cosas importantes? ¿En una emergencia? Hace unos años muchos pensaban que el hombre acude a la oración sólo cuando está en apuros, y que nadie debería molestar a Dios con pequeñeces. Sin embargo, con seguridad que un Dios que nos conoce y a quien le preocupan todos nuestros actos no querría que sólo acudiéramos a El en las emergencias.

Hay personas que tienen la costumbre de poner recordatorios de oración por la casa, colocados en lugares estratégicos, por ejemplo, junto al teléfono o sobre el fregadero. Una frase breve: "Que Dios me ayude a tener paciencia", evitará con frecuencia una mala contestación por teléfono y ahorrará un pensamiento amargo mientras se friegan los platos.

La señora Albert Edgar, de Gainesville, Florida, coloca dichos recordatorios en algunos lugares de su casa, con una fórmula realmente poderosa escrita en ellos. En momentos de depresión o de resentimiento, encuentra esta frase ante sus ojos: "¿Qué haría Jesús?", y una breve oración pidiendo ayuda suele cambiar su actitud. Su marido también ha puesto una junto al cuentakilómetros del coche.

—Me ayuda a controlarme con esos gamberros de la carretera, o con los conductores que no dejan de darle al claxon —dice.

A algunos les parece sorprendente que actualmente haya tantas personas aprendiendo a rezar a propósito de las cosas sencillas de cada día. Un hombre nos escribió hace poco diciendo que, debido a sus negocios, se veía obligado a viajar mucho en avión, y que jamás había logrado vencer su nerviosismo ante un vuelo.

—¿Cómo puede ayudarme la plegaria en tal situación? —preguntaba.

La respuesta sugerida por el pastor fue la siguiente:

—Ponga su fe en tres cosas: la célebre perfección mecánica de la industria de la aviación norteamericana; la ley de los promedios; y Dios. Cuando suba al avión, échese atrás en el asiento y diga: "Ruego por los motores de este magnífico avión, creado de partes componentes de un universo dinámico. Se han reunido con todo éxito; que funcionen unidas en perfecta armonía. Señor, te ruego que las partes de la estructura de este avión funcionen con efectividad. Te pido por el capitán, el copiloto, el mecánico, el ayudante de vuelo, las azafatas y todos los que viajan en este avión. Te ruego que todos estén en armonía con Tu voluntad. Señor, me pongo en tus manos''. Luego borre toda preocupación de su mente. Todo trabaja a su favor: la ley de los promedios, la perfección mecánica, la tripulación del avión. Y también tiene a Dios actuando a su favor.

Por supuesto, deben incluírse en la oración todas las tentaciones diarias. Hace poco, en una reunión de jóvenes en la Iglesia Colegiata de Mármol, surgió esta pregunta: ¿Es correto derrochar un poco?

Merle Wick, entonces contable y ahora vicepresidente de la Columbia Broadcasting System, dijo:

—Ese es el tipo de cosas por las que yo suelo rezar.

Uno de los nuevos miembros de la clase preguntó incrédulo:

—¿Es que usted reza por esa cuestión tan nimia de pasarse un poco en los gastos?

Merle aprovechó entonces la oportunidad para explicar por qué se sentía mal si no rezaba por todos los problemas, grandes y pequeños. Sus palabras exactas fueron que, a través de la plegaria auténtica, había llegado a comprender cuánta importancia tenía el ser escrupulosamente honrado en todos los gastos de que informaba en su cuenta.

De paso, y antes de que terminara esa reunión, se le pidió a aquel nuevo miembro que dijera su primera oración. Este fue el principio de una serie de sucesos en cadena que más tarde llevaron a ese joven escéptico a ingresar en el ministerio luterano.

Resulta reconfortante observar cómo los jóvenes suelen llevar la iniciativa en lo referente a la sencillez y naturalidad en la oración. Por ejemplo, se pidió a los estudiantes de primero y segundo año de la escuela superior de la Primera Iglesia Presbiteriana de Ponca City, Oklahoma, que escribieran las cosas pequeñas por las que daban gracias a Dios como parte del ejercicio del Día de Acción de Gracias. He aquí la plegaria que resultó de espigar entre los ejercicios entregados:

> Aquí, en la serenidad de esta capilla, inclinamos la cabeza para alabarte por. . . una taza de chocolate caliente al llegar a casa helado de frío. . . por el olor del heno y el viento en los árboles. . . por los problemas y errores de los cuales obtenemos al fin algún beneficio. . . por los nuevos discos y por el modo en que nos sentimos al escuchar esa música. . . por la impresión que me domina cuando escucho a todo un coro cantando como una sola voz. . . por los niños que nacen . . . por las velas en el altar y por las nuevas ideas. . . por la personalidad, por el hecho de que cada persona sea distinta de los demás. . . por el color. . . por el crepitar del fuego y el pelo

rizado. . . por las gentes en quienes confiamos y por lo que sientes cuando tú y otra persona a la que no conocías descubrís de pronto que teneis muchas cosas en común. . . por la voz de mi novia y su modo de apretarme la mano cuando dice: "Estoy segura que todo irá bien. . ."

Pero, sobre todo, por la impresión de que este mundo es un buen lugar en el que vivir, y por sentir que puedo tener amistad con Dios. . .

Por tanto, habiendo comenzado su búsqueda personal de la plegaria, y habiendo descubierto ya que puede rezar acerca de las cosas pequeñas de cada día y no sólo en las emergencias, tratemos ahora la cuestión de cuándo y donde rezar.

Muchos tienen la idea errónea de que la oración es algo que debe hacerse sólo a la iglesia, o junto al lecho al ir a acostarse, o en posición arrodillada. Esas oraciones son importantes, por supuesto, pero debe echarse mano de la plegaria en toda ocasión posible. La Biblia dice: "Orad sin cesar. . ."

Uno de los mejores cristianos de este siglo es Frank Laubach que, a través de su programa "Que cada uno enseñe a otro", ha enseñado a millones de analfabetos a leer en todo el mundo. Debido a su gran compasión, el Dr. Laubach jamás pierde una oportunidad de rezar por los demás. Lo hace de modo muy sencillo, y sin embargo efectivo. Una vez, viajando en un autobús de Nueva York, se dio cuenta de que la mayoría de los pasajeros parecían deprimidos, desgraciados. Laubach cerró los ojos y, según el mismo lo expresó, "inundó de plegarias todo el autobús".

Con esto quería decir que rezaba al azar por todos los allí presentes y sus problemas. Ninguna oración se pierde jamás. En este caso, un hombre sentado directamente delante de Laubach se volvió en redondo y, sin razón aparente, inició una conversación con él durante la cual el Dr. Laubach pudo ayudarle a liberarse de la depresión.

Uno de los mejores granjeros de la parte superior del estado de Nueva York es un hombre llamado Arnolf Muller. Cada mañana, a las cinco, el señor Muller se levanta para iniciar sus tareas. Así es como lo describe:

—Hay un silencio impresionante a las cinco de la mañana. El mundo es una creación nueva, fresca y limpia. Cuando voy al granero, mis animales me conocen y vienen a frotarse el morro contra mis piernas. Yo acaricio esos rostros suaves y les doy de comer, y ellos toman la comida de mis manos, comida que yo he recibido de Dios. Esa es mi obra de oración, ya sea en el granero o, mejor aún, fuera, en las colinas. No necesito arrodillarme para rezar, ni cerrar los ojos. Me gusta mirar directamente hacia Dios. El me da la lluvia en verano, y la nieve en invierno, tan buenas para mi tierra, y El hace que las cosas crezcan. El y yo trabajamos juntos.

Si usted ha desarrollado las especificaciones personales para la plegaria efectiva, y programado cúando debe rezar, dónde, cómo y por quién, ya ha iniciado su programa personal de búsqueda de la oración. Sin embargo, más pronto o más tarde se enfrentará con seguridad a esta pregunta: ¿Qué ocurre cuando no se responde a mis plegarias?

En este mismo instante queremos recalcar un hecho básico e importante: Dios siempre responde a las plegarias. El malentendido general proviene del hecho de que la gente no sabe reconocer los tres estilos distintos que tiene Dios de responder a una plegaria: *Si. No. Espera.*

Hace poco recibimos la carta de un hombre que decía:

> Recé exactamente como me sugirió el pastor, pero no conseguí el trabajo de director del almacén. Algo salió mal y quiero saber en qué fallé.

Este hombre rezaba simplemente para conseguir un puesto en especial. Esperaba que automáticamente y porque él se lo pedía (y sin duda con ansiedad), Dios le concedería este deseo. Jamás se le ocurrió que tal vez ese no fuera en absoluto *el puesto* para él, o que Dios tenía para él una oportunidad mucho mejor en otra parte.

Hubiera hecho mejor rezando de este modo:

—Dios mío, hay un puesto libre como director del almacén, que me gustaría mucho conseguir. Creo que estoy totalmente cualificado para él; sin embargo, estoy dispuesto a aceptar graciosamente una decisión distinta. Si le dan el puesto a otro, comprenderé que eso tal vez signifique que hay otro puesto o misión especial para mí. Si es así, por favor dame comprensión y sabiduría para descubrir cuál es Tu voluntad para mi vida.

Esta habría sido la oración que admitía que Dios podía contestar con un "sí", un "no" o un "espera". Otra persona nos escribió recientemente:

> Mi madre, una mujer maravillosa, murió la semana pasada. Sólo tenía 55 años y era un baluarte para su familia y la comunidad. Cuando estaba enferma en el hospital recé, como jamás lo había hecho, para que viviera. Pero no fueron atendidas mis plegarias. No comprendo por qué había Dios de llevarse a alguien que tanto tenía que ofrecer, alguien a quien se necesitaba desesperadamente.

Es natural, aunque egoísta, que queramos retener con nosotros a nuestros seres queridos, olvidando que la muerte es la puerta del cielo. Quizás olvidamos también que el Señor da, y el Señor quita. Cuánto mejor sería entonces rezar así por un ser querido gravemente enfermo:

—Señor Dios, mi madre está en Tus manos. Somos lo bastante humanos como para desear conservarla entre nosotros. La familia y la comunidad la necesitan. Te pedimos que nos la dejes pero, si te la llevas, sabremos que algún día nos reuniremos de nuevo con ella en el paraíso.

Cuando no se responde a nuestras plegarias como deseamos, con frecuencia fallamos en la comprensión de que Dios ve todo el futuro y nosotros no. Tal vez sus planes con respecto a nosotros sean mucho más apasionantes que lo que pudiéramos desear por nosotros mismos.

Resulta gratificador oir hablar de vez en cuando de una persona que sí reconoce las tres formas de respuesta que Dios nos da. Allá en 1952, el grupo de Amistad de la Plegaria de la revista *Guideposts* recibió una carta notable de una tal señora Harvey Mansfield, de Johnstown, Nueva York. Decía lo siguiente:

> Cuando yo era muy pequeña, mi hermana me enseñó a exponer mis problemas al Señor en mis oraciones. Sin esta impresión de que Dios se preocupa por mí, no sé si habría podido soportar la vida hasta ahora. Por eso no me resultó demasiado duro cuando me dijeron, hace poco, que tenía cáncer, muy grave y ya extendido. Creo que el temor, la amargura y el desaliento matan a más pacientes del cáncer que la misma enfermedad. Me dieron sólo tres meses de vida. Ya han pasado cinco y me encuentro muy bien gracias a Dios.
>
> Sí, he rezado a diario, y cada hora, y en cuanto pensaba en ello. ¡Si todos supieran la paz interior que llega al alma cuando uno se sienta en una pequeña iglesia a solas, dejando atrás todos los problemas, todos los sufrimientos y preocupaciones antes de salir de allí!.
>
> De modo que. . . aquí estoy todavía, en las manos del Señor. Hay muchas cosas que aún me gustaría hacer. Tengo un marido y dos niños pequeños por los que vivir. Quizás Dios me ayude a convertir incluso el cáncer en una bendición.

Esta carta conmovió grandemente a los miembros del grupo de plegarias de *Guideposts,* tanto en los despachos como en la editorial. Pasaron tres años. Luego, en febrero de 1955, llegó una carta a *Guideposts* en la que nos comunicaban que la señora Mansfield había muerto el 31 de enero. "El hecho de que fuera tan creyente le permitió vivir estos años extra —escribía su marido—. Les incluyo un mensaje que dejó para todos nosotros".

He aquí las palabras finales de la señora Mansfield:

> Si el Señor no juzga adecuado atender a vuestras plegarias cuando le pedis más años de vida y salud en la tierra, por favor, no lo sintais como si fuera un fallo de la fe. Creed en cambio que el Señor trabaja de un modo misterioso para realizar sus maravillas, y que todo lo que El hace es bueno, aunque tal vez en ese momento no parezca ser lo que deseamos.
>
> Mi fe me ha recompensado mediante la paz mental y la falta de temor, junto con la seguridad de que El cuidará de mi familia. Gracias a todos cuantos han pedido al Señor por mí.

¡Su espíritu realmente radiante sí convirtió la experiencia del cáncer en una bendición! El mensaje de la señora Mansfield es muy oportuno para los miles de personas aterradas por el cáncer que hoy en día, y teniendo contados sus años, viven en tal estado de ansiedad y temor que más les valdría estar muertos. Los hospitales del cáncer deberían tener una plegaria semejante a ésta en cada habitación: "Señor, voy a vivir alegre, con prudencia y felicidad. Que se cumpla Tu voluntad. Si vuelve la enfermedad, la aceptaré cuando llegue". Porque, al lograr la serenidad a través de la oración, los años que quedan pueden vivirse con dignidad.

Quizás hemos dado demasiado énfasis al *no* y al *espera* de las respuestas de Dios. Desde luego, no queremos decir con ello que no reconozcamos las maravillosas curaciones y las respuestas *afirmativas* que se logran a través de la oración.

Podría dedicarse todo un libro a las historias de aquellos que han experimentado la curación divina. Las palabras de Tennyson: "Se logran más cosas en la oración de lo que cree el mundo", son ciertas hoy en día, e incluso más que nunca. Nuestras palabras de aviso han ido dirigidas a aquellos que intentan utilizar a Dios de modo egoísta en sus oraciones. Dios no tiene favoritos. Y recalcamos de nuevo que, si Dios no responde a una plegaria que creemos justa, es muy probable que tenga un plan totalmente distinto y mejor para nosotros.

Estos son, pues, algunos de los elementos esenciales para lanzarse a un programa de búsqueda de la oración personal. Como resumen les damos estas sugerencias finales:

1. Fíjese al menos un año para la búsqueda de la oración personal. Incluya en ella la idea de la entrega de sí mismo, la plegaria tenaz, la imagen mental de la persona que desea ser.

2. Aprenda a disciplinar su oración. En algún momento, a lo largo del día, destine unos minutos para estar a solas y callado. Relaje el cuerpo, la mente y el espíritu, rechazando las irritaciones y problemas del momento y fijando la atención en Dios.

3. Incluya también la oración espontánea durante los períodos tensos y apresurados de la vida diaria. Practique la comunión con Dios mediante lo que se han llamado en ocasiones "oraciones relámpago". Una oración relámpago puede ser sencillamente un pensamiento rápido un favor de un amigo en apuros, probablemente un socio en los negocios que pasar por un momento de prueba. Algunas personas dicen hasta veinte o treinta de estas oraciones al día. Acuérdese de rezar por las cosas pequeñas de cada día, así como en los casos de emergencia. Ruegue por los enemigos, además de por los amigos y seres queridos.

4. Desarrolle la actitud de fe expectante de que Dios contestará a todas sus plegarias. Diga siempre su oración de tal modo que reconozca las tres maneras que Dios tiene de contestarnos: sí, no y espera. No suplique, ni apremie, ni exija. Haga saber a Dios que tiene plena confianza en Su plan maestro para el universo.

Esta obra se terminó de imprimir
en noviembre de 1998, en
Diseño Editorial, S.A. de C.V.
Bismark 18
México 13, D.F.

La edición consta de 2 000 ejemplares